EU VIVI O SOBRENATURAL DE DEUS

"Antes Te conhecia de ouvir falar,
mas hoje meus olhos Te veem."

Jó 42:5

EDITORA
CHAVE MESTRA®

Título original em Português:
Eu vivi o sobrenatural de Deus - Antes Te conhecia de ouvir falar, mas hoje meus olhos Te veem."

Direção editorial: Raquel Medeiros
Assistente editorial: Amanda Oliveira
Revisão: Gabriel Michelazzo
Revisão final: Tarsila Marchetti
Diagramação: Weslei Eugênio
Branding de capa: Izzo Medeiros
Projeto gráfico: Weslei Eugênio

O conteúdo desta obra é de total responsabilidade dos autores e não reflete necessariamente a opinião da editora.

Dados Internacionais de Catalogação na Publicação (CIP)

Vale, Rogério. (Organizador)
V149 Eu vivi o sobrenatural de Deus - Antes Te conhecia de ouvir falar, mas hoje meus olhos Te veem / Rogério Vale (Org.) – Barueri, SP: Chave Mestra Editora, 2023. 248 p.: 16 x 23 cm

ISBN 978-65-84979-85-7

1.Inteligência Espiritual. 2. Atitude. 3.Espiritualidade. 4.Vida Cristã. 5. Desenvolvimento Pessoal. 6. Fé. I. Título.

CDD 158.1

EDITORA
CHAVE MESTRA®

SUMÁRIO

PREFÁCIO

Em um mundo marcado por desafios constantes, incertezas e dúvidas, é natural sentir-se perdido e desamparado. A fé, muitas vezes, é vista como algo que pertence ao passado, uma relíquia de tempos mais fáceis. No entanto, é justamente nesses momentos de dúvida que a fé pode se tornar uma poderosa aliada para enfrentar as adversidades da vida.

Eu vivi o sobrenatural de Deus é uma obra que nos lembra da importância da fé em nossas vidas, trazendo 30 emocionantes relatos de pessoas comuns que encontraram conexões profundas com Deus. Estas não são histórias fictícias ou abstratas; são experiências reais de indivíduos que vivenciaram o sobrenatural de maneira única, como no tempo dos apóstolos.

Em um mundo onde a fé é muitas vezes ausente ou questionada, este livro serve como um farol de esperança. Cada história compartilhada nestas páginas é um testemunho da capacidade da fé de nos guiar através dos momentos mais sombrios e desafiadores. Esses relatos são uma prova de que a fé não é apenas um sentimento, mas uma força transformadora que pode mudar vidas.

À medida que você mergulhar nestas páginas, encontrará histórias de superação, cura, coragem e resiliência. Descobrirá como a fé pode servir como um alicerce sólido em meio às tempestades da vida, fornecendo força interior e conforto nos momentos mais difíceis.

Eu e todo o time da Editora Chave Mestra, acreditamos profundamente que *Eu vivi o sobrenatural de Deus* é mais do que um livro; é um convite para despertar uma fé que pode iluminar seu caminho em direção a uma vida melhor e mais significativa. Aqui você encontra uma prova de que a fé não é um conceito ultrapassado, mas sim uma força vital que pode transformar sua jornada.

Que este livro seja uma fonte de inspiração e motivação para você, um lembrete de que a fé pode ser o seu aliado mais poderoso. Que as experiências compartilhadas por esses 30 coautores inspirem e encorajem você a abraçar a fé como um recurso valioso em sua própria vida, permitindo que ela o guie na direção de um futuro mais brilhante e fortalecido.

Que esta obra seja uma luz brilhante em meio à escuridão da dúvida, e que você encontre nas páginas deste livro a inspiração para viver uma vida realmente sobrenatural, cheia de esperança, propósito e fé.

Rogério Vale - CEO
Editora Chave Mestra
IDEC Educacional Brasil e Portugal

ADNA MARQUES

Sou Adna Marques, natural de Belo Horizonte. Fui casada por 30 anos com Levindo (*in memorian*), mãe de Estevan, Simeon e Marian. Filha de pastores evangélicos, sempre estive envolvida com os trabalhos da igreja. Descobri minha paixão pela comunicação e pelas pessoas ainda jovem. Me formei em Teologia e, atualmente, estou cursando Pedagogia e Psicanálise. Meu diferencial é utilizar ferramentas espirituais e emocionais durante o processo de mentoria.

Participei da idealização de três projetos voltados para mulheres: "Nossas Estações", "Treinamento Fundação" e "Organização e Relacionamentos". Atualmente, enfrento o maior desafio da minha vida, e dele tem nascido um novo projeto em meu coração. Em tempo oportuno, apresentarei a todos. O que posso adiantar é que estou escrevendo um belo projeto sobre superação. Grandes coisas estão por vir.

adnamarquesoficial

+55 (31) 97125-2577

adnamalcantara@gmail.com

01

VIVEMOS O SOBRENATURAL DE DEUS TODOS OS DIAS

Por Adna Marques

Durante os anos de vida que se iniciaram em 1971, enquanto crescia e me desenvolvia, não conseguia entender nem explicar por que minha casa estava sempre tão cheia de gente. A maioria das minhas lembranças são assim: casa cheia com adultos e crianças entrando e saindo o tempo todo. Meus pais, pastores evangélicos, sempre estiveram envolvidos com os trabalhos e responsabilidades de pastorear uma parcela do rebanho do nosso Senhor.

Me desenvolvi nesse meio eclesiástico, e ao analisar os anos de Escola Bíblica Dominical e todos os departamentos de uma igreja, percebo que era um treinamento para tudo que a vida apresentaria a mim após bons anos. Nessa fase da infância, passei feliz e absolutamente protegida dos ataques do mundo externo, totalmente desconhecido por mim.

Ao entrar na adolescência, toda a inexperiência desta fase recém-chegada me colocou em uma posição de total oposição a tudo que havia aprendido até ali.

O grande problema desse tipo de criação é que, por amarem muito e desejarem proteger seus filhos das influências de um mundo caótico como o nosso, os pais acabam criando uma certa alienação deles em relação ao mundo exterior à igreja. Não posso negar a verdadeira intenção dos nossos pais ao agirem assim, mas a realidade tem se mostrado implacável para muitos filhos de pastores da minha geração.

Com base nesse histórico familiar, me tornei uma criança muito dependente e com necessidades consideráveis de aprovação ao longo da minha vida.

Não fui uma criança infeliz, mas, de certa forma, sentia que não conseguia atender às expectativas colocadas em mim, pois sempre fui muito falante e extrovertida. Meus pais, ao tentarem me controlar, me proibiam de frequentar alguns lugares e contavam constantes histórias exemplares de filhos que obedeciam e filhos que não obedeciam aos pais.

Ao final da infância e início da adolescência, tudo mudou radicalmente em minha vida, e foi uma escolha própria e consciente. Decidi firmemente em meu coração me desviar dos caminhos do Senhor, pois não queria para mim a realidade de vida dos meus pais.

As consequências dessa escolha me acompanharam até a fase adulta. Eu realmente não fazia ideia de como uma escolha pode gerar consequências permanentes na vida. Mesmo depois de madura, mantinha um comportamento bastante adolescente dentro do meu casamento e até mesmo na criação dos meus filhos. Arrastava meu comportamento em todos os relacionamentos básicos que um ser humano pode ter, justificando tudo pela liberdade de poder fazer o que bem entendesse, inclusive pecar.

Deixe-me contar um pouco sobre mim. Comecei a namorar muito jovem, aos 13 anos, e, claro, nessa fase, a maturidade estava longe de mim. Conheci meu namorado na época, e depois de oito anos de namoro, ele tornou meu marido. Passados mais oito anos, tivemos nosso primeiro filho, mais dois anos para o segundo e, finalmente, mais quatro anos para a chegada da terceira e última filha.

Sempre tive uma visão imatura da maternidade. Fantasiava muito sobre os cuidados e a educação deles, e não lidava bem com os conflitos e exigências que a maternidade traz consigo. Embora ser mãe fosse e ainda seja uma satisfação do meu coração, meus comportamentos muitas vezes me colocavam em uma posição mais de irmã mais velha do que de mãe. Justificava meu comportamento infantil com eles como a liberdade que não tive na minha própria criação. Nessa época, minha autoestima era inexistente, e eu tinha uma imagem distorcida de mim mesma.

Entre o nascimento do segundo filho e da terceira filha, meu casamento estava em declínio, e eu tentava de várias maneiras fazer algo para salvá-lo. Lembro-me que chegamos a procurar advogados para tratar da nossa separação. Por alguns segundos de clareza de pensamento, resolvemos tentar mais uma vez. Dessa vez, reiniciamos pra valer, havia uma disposição em mim e nele para fazer dar certo. "Dessa vez vai ser diferente", pensávamos.

Sem querer ou perceber, voltávamos a ter nossos comportamentos inadequados um com o outro. Eu não o respeitava, e ele fazia o mesmo comigo. Constantemente, eu me via querendo me colocar no lugar dele como pai, enquanto ele não respeitava minhas ordens aos filhos, por exemplo. Havia uma constante desarmonia entre nós, e isso nos irritava profundamente um no outro.

Após muito choro, constantes brigas e decepções mútuas entre mim e meu marido, lembro do Espírito Santo me trazer à memória a casa dos meus pais e a harmonia que pairava sobre nossa casa. Nesse momento, como na história do filho pródigo — por esse motivo, gosto tanto dessa passagem bíblica —, enquanto recordava alguns momentos marcantes da minha infância e início da adolescência, senti no meu coração um profundo arrependimento seguido de um entendimento de tudo que havia acontecido na minha vida.

Foi um instante de muita lucidez para mim naquele dia. Após tantos anos afastada da casa do meu Senhor Jesus, finalmente decidi voltar ao lugar de onde nunca deveria ter saído. Me lembro das palavras da minha mãe me admoestando para retornar à casa do Pai, e eu não queria ouvir na época.

Quando decidi me reconciliar com Cristo, a decisão foi imediata, mas o processo de libertação foi lento e doloroso, pois em mim havia raízes profundas de mágoas, raiva e comportamentos adquiridos no mundo que me escravizavam em um falso entendimento. Esse falso entendimento me fazia questionar os princípios estabelecidos por Deus dentro de uma família, na criação de filhos, nos princípios de honra aos pais e autoridade. Foi um período de profunda desconstrução para voltar aos caminhos do Senhor.

Enquanto vivia todo esse processo de desconstruir e reconstruir minha vida de modo geral, o Senhor chamou minha mãe para junto de Si em 2010. Eu me vi uma adulta tendo que viver a experiência mais certa do ser humano nessa terra: a morte. Confesso que não lidei muito bem com esse período de luto pela minha mãe.

EU VIVI O SOBRENATURAL DE DEUS

Pela primeira vez na minha vida, vivi o sobrenatural de Deus. Passei um longo tempo em luto pela minha mãe, em um estado de raiva, muita raiva. Confesso que muitas vezes nem eu mesma sabia de onde vinha tanta raiva. Nessa época, infelizmente, desenvolvi a síndrome do pânico e engordei assustadoramente, a ponto de ter que fazer uma cirurgia bariátrica. Estava em declínio sem freio emocional para nada. A grande manifestação do sobrenatural na minha vida durante esse período de luto pela minha mãe é que Deus estava restaurando e curando meu casamento em áreas que eu nunca conseguiria acessar.

Nesse período complicado da minha vida, meu marido, agora restaurado e nos caminhos do Senhor, foi muitas vezes a boca de Deus para me trazer palavras de sabedoria e consciência a respeito dos meus desafios. Vi muitas e muitas vezes nele uma restauração de vida que tanto pedi a Deus entre nós, e não foi fácil nem rápido. Ambos entramos em um processo, em primeiro lugar, com Deus em nossos corações e, em seguida, um com o outro. Isso estava acontecendo em meu casamento, no convívio com meus filhos, nos relacionamentos familiares, na igreja e no âmbito social.

É importante dizer que tanto meu marido quanto eu continuamos a ter, vez ou outra, algumas brigas ou discussões, mas isso durava alguns minutos. Passados esses contratempos, quase que imediatamente estávamos nos abraçando e nos beijando, confessando todos os dias nosso amor em ações diárias. Tudo isso foi um grande mover de Deus em nossa vida. Reconhecemos que sem a intervenção do próprio Espírito em nós, não haveria como conseguir esse feito sobrenatural. Não havia em mim ou no meu marido argumentos ou habilidades para restaurarmos nosso casamento.

Louvo a Deus pela oportunidade de poder contar parte da minha história e inspirar outras mulheres com esperança e confiança em um Deus vivo e poderoso, capaz de mudar e transformar qualquer aflição. Foram aproximadamente 7 anos de tratamento de choque espiritual e físico em mim e em meu marido. Finalmente, eu estava recebendo de Deus muito além do que poderia imaginar ou pedir. A perda da minha mãe finalmente foi aceita por mim, e uma nova fase se iniciou dentro da minha alma.

Me lembro de muitas vezes pedir a Deus Sua intervenção no meu casamento e no meu comportamento, mas, sinceramente, eu não deixava Deus agir na minha vida. Sempre tomava a frente de tudo com atitudes e ideias bobas, da porção de imaturidade que ainda existia em mim. Tomar consciência disso me custou lágrimas, sacrifícios diários e quebra do orgulho. O fato é que tudo ao meu redor se transformou quando eu me deixei ser transformada pelo Santo Espírito de Deus.

Meu amado marido e eu estávamos vivendo um matrimônio segundo os princípios cristãos nos quais fui ensinada. Muitas coisas faziam total sentido agora: havia leveza, beleza, cumplicidade, harmonia, desejo e todas as características que um relacionamento saudável deve ter. Casamento perfeito? Não! Casamento segundo os padrões estabelecidos pelo próprio Deus, desde o Éden. Posso afirmar a vocês que estávamos muito felizes.

Até que, em abril de 2023, o Senhor chamou também meu marido. Com certeza, esse novo ciclo será contado no meu livro. O que não posso negar nem por um segundo é que, de fato, eu vivi o sobrenatural de Deus na restauração do meu casamento.

"Casamento perfeito? Não! Casamento segundo os padrões estabelecidos pelo próprio Deus, desde o Éden. Se permita ser moldada por Deus."

Adna Marques

AGDA VIEIRA

Meu nome é Agda Raquel Vieira Pereira, tenho 31 anos e sou casada há 8 anos com Lucas Pereira. Sou abençoada com dois filhos incríveis, Davi Lucas e João Lucas. Além de mãe, sou uma filha amada e ungida de Deus, nascida da inspiração e coragem de minha mãe, Divina Vieira, em uma jornada de maternidade independente.

Minha missão nesta Terra é pregar as boas-novas de um Deus que é Pai e deixar uma marca evidente do seu amor, aonde quer que eu vá. Atualmente, sirvo como Pastora auxiliar na Igreja Impactados, em Goiânia, sob a liderança do Bispo Rinaldo e da Bispa Cecilia; somos uma família a se pertencer.

Minha paixão é ajudar outras mulheres, guiando-as por meio de mentorias e imersões e trazendo transformação à alma delas por meio da poderosa Palavra de Deus. Estou aqui para fazer a diferença, para inspirar e ser inspirada e para viver uma vida que glorifique o nome do Senhor.

pastoraagdavieira

+55 (62) 99209-1033

agdarvieira@gmail.com

02

A ENTREGA

Por Agda Vieira

A entrega diante de Deus, nosso Aba Pai, nos impulsiona a viver o sobrenatural. Reflita sobre as entregas que você tem feito para vivenciar o sobrenatural. Eu já tive várias experiências com Deus, mas compreendi verdadeiramente o sobrenatural quando me entreguei genuinamente. Essa entrega diária tem sido a maior da minha vida, permitindo-me viver meu propósito e compartilhá-lo com você.

Deus nos abençoou com uma grande dádiva: nosso primeiro filho, Davi Lucas, "amado e iluminado" por Deus. A gestação foi perfeita, sem complicações ou riscos, e vivi cada momento dessa fase com muito amor. Davi Lucas nasceu um dia antes do meu aniversário e foi uma enxurrada de emoções para mim e para meu esposo, marcando o início de um novo ciclo em nossas vidas e em nossa família.

Após o nascimento de Davi Lucas, percebemos que levou alguns minutos para levá-lo para o quarto. Preocupados, perguntamos aos médicos sobre seu estado. O pediatra que o recebeu no centro cirúrgico explicou que Davi Lucas havia nascido com um sopro no coração, mas logo nos tranquilizou, dizendo que em breve ele estaria conosco. Pediu somente que eu realizasse alguns exames no bebê ao longo da semana.

Com o passar dos dias, notamos que os lábios de Davi Lucas ficavam cianóticos (roxo), especialmente quando chorava. Preocupados, minha sogra, Lucia Neis, nos direcionou a irmos em uma pediatra chamada Simone Ramos. Durante a consulta, a doutora confirmou que ouvia um sopro em seu coração. Ela solicitou alguns exames, os quais prontamente fizemos.

Com os exames prontos, recebemos um diagnóstico devastador: Davi Lucas sofria de uma cardiopatia congênita chamada Anomalia de Ebstein. Essa doença rara afeta uma em cada dez mil crianças e envolve a má-formação da válvula tricúspide, uma das quatro válvulas do coração, que separa o átrio direito do ventrículo direito. A Dra. Simone nos encaminhou para o Dr. Carlos César cardiopediatra, um médico humano e sensível, que tem acompanhado toda essa jornada.

Naquele momento, como pais, nossos corações foram dilacerados pelo resultado dos exames. Não tínhamos palavras, apenas lágrimas. Sentindo-nos angustiados e aflitos, retornamos para casa em um dia nublado, frio e chuvoso. Nos ajoelhamos e oramos a Deus; nossas lágrimas eram incontáveis. Meu esposo e eu nos prostramos diante do Autor da Vida. Foi um momento de entrega total e sincera.

"Ele respondeu: Porque a fé que vocês têm é pequena. Eu lhes asseguro que se vocês tiverem fé do tamanho de um grão de mostarda, poderão dizer a este monte: 'Vá daqui para lá', e ele irá. Nada lhes será impossível." (Mateus 17:20)

Nesse momento de angústia, sentimos o abraço reconfortante da presença divina, algo sobrenatural nos envolvendo. O Espírito Santo nos falou claramente: "Ativem a sua fé antes de enfrentarem os desafios da vida". Não tínhamos ideia do que estava por vir, mas decidimos viver uma vida de ativação de fé, nos entregando completamente para alcançar o sobrenatural com Ele, o Autor da Vida.

Nossas vidas começaram a passar por uma transformação profunda. Percebemos que nossa perspectiva mudou e, com ela, todo o nosso mundo mudou também. Aprendi que tudo se transforma quando nos permitimos. Portanto, permita ser transformado pelo sobrenatural de Deus. Não vivemos pelo que vemos, mas sim pela fé.

Aos quatro meses de vida, Davi Lucas foi submetido à sua primeira cirurgia cardíaca. O procedimento, conhecido como "Técnica do Cone", corrigiu a insuficiência tricúspide. A cirurgia foi realizada pelo renomado cirurgião cardíaco, Dr. José Pedro Silva, no Hospital Beneficência Portuguesa, na cidade de São Paulo. Sua recuperação foi verdadeiramente sobrenatural e passamos 20 dias na cidade de São Paulo após a cirurgia.

Durante essa jornada, o Senhor continuou a levantar pessoas para nos abençoar e, ao mesmo tempo, nos levantava para abençoar outras pessoas por meio de palavras de encorajamento, abraços e orações. Compreendemos, por meio da experiência da primeira cirurgia, que Deus gera vidas por meio de nossas vidas. Foi um período poderoso e transformador, onde vimos o cuidado de Deus se manifestar de maneiras extraordinárias.

Após um ano e quatro meses da primeira cirurgia cardíaca de Davi Lucas, durante uma consulta de acompanhamento, o médico avaliou seu coração e informou que seria necessária outra cirurgia cardíaca para corrigir a válvula tricúspide. Essa notícia nos deixou cheios de questionamentos internos, relembrando tudo o que tínhamos passado anteriormente.

"Ele fortalece ao cansado e dá grande vigor ao que está sem forças." (Isaías 40:29)

Continuamos nossa jornada para a cidade de São Paulo para a segunda cirurgia de Davi Lucas. Foi nesta cirurgia que os médicos fizeram a correção (plastia) da válvula tricúspide. A cirurgia foi longa, durou cerca de 12 horas. Após a conclusão, os médicos nos informaram que ele estava bem, embora com uma febre alta no corpo, o que era esperado após um procedimento invasivo.

Davi Lucas foi colocado em uma área de isolamento dentro da UTI após sua segunda cirurgia cardíaca. Quando o visitamos, ficamos profundamente preocupados ao vê-lo apático, deitado em um colchão especial para resfriar seu corpo febril. Ele estava lá, vivo, mas parecia quase sem vida, respirando com a ajuda de aparelhos. Aquela visão foi devastadora, minhas lágrimas não paravam de cair.

No dia seguinte, durante a visita, Davi Lucas estava com uma febre ainda mais alta, e seu corpo não estava respondendo às medicações. Ele entrou em um estado que quase resultou em uma parada cardíaca. Foi desesperador testemunhar nosso filho à beira da morte. Os médicos pediram para que nos retirássemos, mas, naquele momento, ouvi uma voz sussurrando em meus ouvidos: "Prostre-se, ore, clame mais uma vez".

Chamei meu esposo e disse: "Chegou a hora de fazermos a maior entrega de nossas vidas. Vamos entregar nosso filho, verdadeira e genuinamente". Nos ajoelhamos dentro daquele local de isolamento, prostrados diante do Autor da vida.

Nossa Oração:

"Aba Pai, aqui estamos. Antes de Davi Lucas ser nosso filho amado, ele é Teu filho amado, e a Ti entregamos a vida dele, em Tuas mãos. Se o Senhor permitir que ele viva, dedicaremos todos os dias de sua vida a Ti."

Após nossa oração, Davi Lucas recebeu um sopro de vida. Seu organismo começou a responder aos medicamentos, a febre foi controlada e, dois dias depois, ele foi extubado e começou a respirar por conta própria.

"O Senhor é o que tira a vida e a dá; faz descer a sepultura e faz a tornar a subir dela." (Samuel 2:6)

O favor de Deus esteve sobre a vida de Davi Lucas, e quero dizer a você que o favor de Deus está sobre a sua vida também. Não desista; clame a Ele, e Ele ouvirá seu clamor.

Prostrar-se diante de Deus é o ato mais importante de nossas vidas, reconhecendo Sua grandeza e soberania. Entendemos que Ele é Deus, independentemente de nossas vontades. Se Ele age, Ele é Deus; se não age, Ele continua sendo Deus.

Nossa fé não se baseia no que vemos, porque o que vemos pode nos tirar a fé no sobrenatural. Nossa fé está firmada no que não vemos, mas sentimos. O que sentimos nos conduz a viver o sobrenatural e a sentir a Presença de Deus.

Aos três anos de idade, Davi Lucas passou por sua terceira cirurgia para tratar uma arritmia cardíaca e corrigir novamente a válvula tricúspide. Nosso plano de saúde é do Estado de Goiás, e todos os tratamentos cardíacos são feitos através dele. Estávamos aguardando a liberação do plano de saúde para prosseguir e ir para a cidade de São Paulo. Enquanto esperávamos, o Aba Pai nos entregou uma palavra: "Prossiga na jornada, enviarei a provisão", e assim fizemos.

Ao entrar no voo, surpreendentemente encontramos nosso Governador do Estado de Goiás, Ronaldo Caiado, e sua esposa Gracinha Caiado, que estavam indo para o mesmo destino que nós. Quando chegamos ao Aeroporto de Congonhas, eles estavam lá e nos cumprimentaram. Nosso Governador perguntou se estávamos a passeio, e meu esposo explicou que estávamos lá para a terceira cirurgia cardíaca de Davi Lucas. O Governador imediatamente perguntou como poderia ajudar na nossa jornada. Nesse momento, entendemos que Deus não une apenas pessoas, mas propósitos. Compreendemos o propósito de um Deus.

"Àquele que é capaz de fazer infinitamente mais do que tudo o que pedimos ou pensamos, de acordo com o seu poder que atua em nós." (Efésios 3:20)

O Governador agiu em nosso favor. Autorizou o plano de saúde (IPASGO) a cumprir com a liminar judicial o mais rápido possível. Davi Lucas foi hospitalizado e passou pela terceira cirurgia cardíaca, que foi notavelmente mais rápida em comparação às anteriores. Experimentamos o sobrenatural durante essa cirurgia.

Aos quatro anos de idade, Davi Lucas ganhou um irmão, João Lucas, e tornaram-se grandes amigos. Porém, começou a sentir fadiga durante algumas brincadeiras juntos e, durante um retorno médico, foi diagnosticado com Arritmia em Flutter.

"E Jesus, ouvindo isto, disse: Esta enfermidade não é para morte, mas para a glória de Deus, para que o Filho de Deus seja Glorificado por ela." (João 11:4)

Apegamo-nos à palavra de cura, viajamos para São Paulo como uma família unida, agora com quatro membros. Essa união trouxe um fortalecimento indescritível, vivendo cada dia como se fosse o último.

Os médicos buscaram opções menos invasivas devido às cirurgias anteriores. Optaram por uma ablação, por ser menos invasiva e arriscada, embora preferissem uma plastia valvar novamente. Após trinta dias de espera, finalmente chegou o dia da cirurgia. Davi Lucas foi para o procedimento e os médicos informaram que as chances de sucesso eram mínimas para a ablação via CAT. Prepararam outro centro cirúrgico para intercorrências e uma possível plastia valvar.

Durante o procedimento, os batimentos cardíacos do Davi Lucas foram alinhados com batimentos do ABA Pai, manifestando a CURA SOBRENATURAL.

A trajetória para ativar o sobrenatural e viver o milagre extraordinário envolve entender que quando o recurso natural (humano) cessa, entra em ação o recurso do JEOVÁ RAFAH, "O Senhor que Cura". A cada dia, vemos Davi Lucas COLECIONANDO MILAGRES SOBRENATURAIS.

Declaro que em sua jornada, você e sua casa sejam envolvidos pelo poder do sobrenatural de Deus.

"Ative, permita e sinta a presença de Deus, em cada aspecto de sua vida."

Agda Vieira

BARBARA CHRISTIE

Filha de pais indescritíveis, nascida em Pernambuco e casada há 24 anos - um amor que gerou 4 príncipes, sendo a terceira e última gestação, de gêmeos! Deus me mostrou que tinha outros planos para a minha vida! Foi, e continua sendo, um grande desafio, porque a família se multiplicou da noite para o dia, mas tudo se torna insignificante diante de tanto amor!

Administradores de formação pela UFPE, meu esposo e eu trabalhamos na empresa dos meus pais, uma administradora de condomínios e imobiliária, e, agora, contamos também com nosso segundo filho trabalhando conosco na mesma empreitada.

Ser mãe sempre foi meu sonho, então, quando aconteceu, era como se aos 26 anos de idade eu tivesse feito tudo que havia planejado. Mal sabia eu o que estaria por vir e o que aconteceria na minha vida depois de verdadeiramente conhecer a Deus.

sementesdeamordoceu

+55 (81) 98822-7325

sementesdeamordoceu@gmail.com

03 EU APRENDI A OUVIR A VOZ DE DEUS

Por Barbara Christie

Você conhece Deus? Provavelmente sua resposta será sim. No entanto, eu aprendi que só conhecemos Deus verdadeiramente, a partir do momento em que temos uma experiência sobrenatural com Ele. Antes disso, nosso conhecimento é superficial, mantendo-nos em um nível "básico" de relacionamento com o Pai.

Me converti a uma igreja e fui batizada nas águas no ano de 2006. Após isso, passei anos sem comunhão com Deus. Por volta de 2010, participei de um curso para adoradores que foi incrivelmente enriquecedor, pois sempre fui atraída pelo louvor, além do meu interesse por canto, escrita e ballet clássico. No entanto, fui surpreendida com o que estava prestes a aprender no curso. Era muito mais profundo do que eu imaginava. Ali, o Espírito Santo me revelou: "há muito mais de Deus, há o sobrenatural".

Era como se eu estivesse adormecida e começasse a despertar espiritualmente. O dom profético começava a se manifestar com mais intensidade em minha vida. Quando digo "com mais intensidade", é porque, desde a minha infância, sem compreender completamente, o dom profético já me dava sinais por meio de sonhos, visões e revelações. É uma experiência extraordinária! Porém, peguei o conhecimento do curso e "enterrei". Assim como havia "enterrado" o canto, a escrita e o ballet. Aqui está uma valiosa lição: nunca "enterre" o conhecimento e os talentos que Deus te entrega, porque há um propósito em todos eles. Passei anos sem discernir a voz de Deus, as outras vozes da vida me impediam de ouvi-Lo. A chegada dos gêmeos foi uma grande bênção inesperada que abalou nossas vidas e afetou minha saúde. Gerar um bebê já é desgastante, mas gerar dois bebês é ainda mais desafiador e impacta significativamente a sua saúde física, mental e psicológica. Costumo dizer que essas três coisas, juntamente com minha paciência e tolerância, ficaram no bloco cirúrgico em 2013. E a verdade é que ninguém te compreende, exceto Deus.

Foi então, enfrentando inúmeras dificuldades em todas as áreas da minha vida, que tudo virou uma bagunça. Em 2017, o caos havia se estabelecido. O inimigo me atacava com toda a força, e eu não percebia. Sentia raiva das pessoas. Sofri abusos, tentações, humilhações e decepções por parte de diversas pessoas, e foi nesse ponto que decidi começar a fazer terapia. Até que, em 2019, meu corpo emitiu um sinal de alerta. Desmaiei e bati a cabeça na queda, o que resultou em um Traumatismo Craniano (TCE) que me levou a passar 9 dias na UTI. Foi então que comecei a questionar a Deus: o que eram essas experiências tão intensas que eu estava vivenciando e que me trouxeram para este lugar?

Saí do hospital com o diagnóstico de Síncope vasovagal, resultado do estresse que vinha enfrentando ao longo dos anos, e fui encaminhada para tratamento psicológico e psiquiátrico. Eu buscava me cercar de vida de todas as maneiras, comprando plantas e adotando uma amorosa cachorrinha. Estava, de fato, dando um novo significado à minha vida. Então, a pandemia chegou. Meu Deus! Duas crianças em casa tendo aulas on-line sem concentração alguma, os outros dois filhos também em casa, todos trabalhando em regime de home office, o dinheiro diminuindo e o estresse aumentando. Foi o mais absoluto caos.

E então, em 2021, houve uma virada de chave na minha vida! Comecei a vivenciar o sobrenatural de Deus. Recebia vídeos diários do Profeta Vinícius Iracet e, aos poucos, o conteúdo começou a me atrair, pois comecei a identificar o que sentia desde a infância em relação ao dom profético. Comecei a compreender o motivo de ter tantos sonhos e visões e os símbolos e significados por trás deles. Assim, fui me envolvendo cada vez mais no ambiente profético. Adquiri muitos livros e participei de eventos tanto on-line quanto presenciais a fim de buscar mais conhecimento sobre o assunto. Foi então que percebi como o ambiente profético é transformador, pois ativa os nossos sentidos espirituais e nos desperta para o sobrenatural. Parecia que, de repente, os olhos e ouvidos do meu espírito se abriram ao mesmo tempo, e finalmente comecei a desenvolver sensibilidade para discernir lugares, ambientes, pessoas e, acima de tudo, a ouvir a voz de Deus. Isso inclui a voz mansa, doce e suave de Jesus me chamando pelo meu nome nas madrugadas para orar. É algo verdadeiramente indescritível! Conhecer o profeta foi um divisor de águas! Ele se tornou meu intercessor e autoridade espiritual na minha vida. Há bênçãos que só são liberadas quando Deus nos conecta com alguém. A conexão certa nos ensina que ouvir a Deus é compreender que aquilo que provém Dele nos traz paz. Deus não une pessoas, Ele une propósitos!

Assim, comecei a experimentar uma fome e sede por Deus! Isso me preparou para o momento mais desafiador da minha jornada. Fui confrontada por uma situação extremamente desumana na qual fui humilhada publicamente. Naquele dia, senti como se estivesse à beira da morte. No entanto, em todos os momentos, tinha a certeza de que a mão de Deus estava sobre mim. Eu já estava espiritualmente mais fortalecida para enfrentar essa "pancada". Meu estado de saúde emocional e psicológico piorou, e as doses dos medicamentos aumentaram. Mas é essencial compreender: Deus nunca te abandona! A cada dia, eu sentia ainda mais a presença do Espírito Santo e Suas manifestações.

Certa vez, senti como se chuviscos estivessem caindo em meus braços, mas, quando olhei, não vi água; apenas alguns dias depois aprendi que era uma manifestação do Espírito Santo, assim como a sensação de um óleo escorrendo sobre a cabeça ou alguma parte do corpo. Em outra ocasião, tive uma visão dentro de um sonho, na qual anjos estavam em meu escritório, incontáveis e muito altos, com asas imensas. Eles emitiam uma forte luz branca que não permitia ver seus rostos. Um deles me entregou uma espécie de lança e me posicionou em pé no lugar do meu pai na empresa. Quando olhei ao meu redor, vi um verdadeiro exército de anjos. Foi então que compreendi que não estaria sozinha ao assumir a empresa, e que não havia motivo para temer.

Em outra visão, vi um campo verde muito extenso, tão vasto que meus olhos não conseguiam alcançar seu limite. Uma brisa balançava suavemente meus cabelos e as árvores ao meu redor, e minha vestimenta era extremamente alva. Em seguida, fixei meu olhar em um dos montes que eu estava prestes a subir. Naquele momento, compreendi que era uma visita de Deus, e Ele estava me mostrando a prosperidade que estava por vir.

No entanto, nada se compara ao batismo no Espírito Santo! Foi uma experiência indescritível! Eu estava em casa, sozinha, assistindo à oração diária do Profeta, quando o canal me redirecionou para um vídeo de um avivamento ao vivo. Comecei a orar e a louvar ao Senhor de todo o meu coração, junto com aquelas pessoas. De repente, comecei a chorar intensamente e a rir ao mesmo tempo, experimentando uma alegria sem fim. Comecei a falar em línguas estranhas, algo inexplicável e incomparável a qualquer outra experiência que se possa ter na vida, pois era a evidência da presença divina; Jesus estava ali, ao meu lado, me batizando no Fogo Santo naquele momento! Essa experiência durou cerca de 40 minutos, mas eu não queria que terminasse! A sensação era como se Jesus estivesse impondo Suas mãos sobre mim!

Após essa experiência, as vivências se tornaram cada vez mais frequentes. Quanto mais eu buscava a Deus, mais visões, revelações e sonhos ocorriam. Aprender a distinguir se um sonho é profético ou uma revelação de Deus, se é um sonho da nossa alma ou provém de uma fonte maligna, nos permite compreender o que Deus está tentando nos alertar, chamar nossa atenção para uma situação específica ou comunicar algo que, muitas vezes, só se concretiza anos após o sonho. Aprendi também a importância de anotá-los.

À medida que me aprofundava nos estudos e me lançava no mundo do profético, Deus se revelava de formas surpreendentes, e já não consigo nem enumerá-las. Conforme isso acontece, você começa a ver Deus honrando o compromisso Dele com você. Os milagres começam a se desenhar em sua vida, as orações são atendidas, e colheitas ocorrem. Você se torna uma bênção na vida de alguém, e, em troca, é abençoado. Lembre-se de que tudo o que ocorre no mundo natural primeiro se manifesta no mundo espiritual. Portanto, o crescimento espiritual acelera as bênçãos no mundo natural, sem que seja necessário se esforçar, pois elas vêm até nós de acordo com a vontade de Deus. É a intimidade com Deus que impulsiona o crescimento espiritual e, consequentemente, acelera as bênçãos em sua vida. Isso o faz avançar, conquistar e superar obstáculos, pois você estará caminhando no sobrenatural de Deus.

Eu dei início a uma corrente de oração na vida de uma criança que eu nem conhecia e profetizei sobre o destino dela, declarando que sairia rapidamente do hospital com um sorriso no rosto. Surpreendentemente, no mesmo dia em que ela foi internada na UTI, ela recebeu alta e estava indo para casa, sorrindo. O próprio médico reconheceu que isso era um autêntico milagre. Poucos dias depois, alguém semeou uma bênção gigante na vida do meu filho! É uma realidade que, quando você semeia, Deus honra, e você colhe!

Em meio a todas essas experiências, Deus me guiou de volta ao ballet e ao canto. Logo após lançar minha página de mensagens bíblicas e de amor em uma rede social, alguém me encontrou em meio a milhões de pessoas e me convidou para escrever um livro. Isso foi, sem dúvida, um milagre de Deus, trazendo de volta meu terceiro talento artístico, a escrita. E todos esses talentos e a unção profética que recebi serão usados para a obra do Senhor, em nome de Jesus. Ou seja, tudo acontece no tempo de Deus! Hoje, posso afirmar que aprendi a ouvir a voz de Deus e a ser guiada em todas as áreas da minha vida. Não tomo mais nenhuma decisão sem buscar Sua orientação e autorização, além de seguir a direção do Espírito Santo. As lutas acabaram? Não. Contudo, o conhecimento de que Deus está me protegendo durante todo o processo me confere a certeza da vitória. Isso me permite atravessar cada desafio com mais leveza, sentindo-me segura nos braços do Pai, pois estou seguindo Suas orientações.

Eu vivi o sobrenatural de Deus, literalmente. Fui moldada e transformada através da moção do Espírito Santo em meio às tribulações que enfrentei. Portanto, nunca pare de buscar a Deus. Procure-O incessantemente, e você verá o agir do Senhor em sua vida todos os dias. Quanto mais você O busca, mais o relacionamento se estreita, e Ele se revela a você, seja nas pequenas ou nas grandes coisas. Dessa forma, você avança para os próximos níveis! Portanto, estabeleça esse compromisso: tenha o seu tempo de intimidade com Deus. Afinal, quem não tem tempo para Deus, está perdendo tempo! E saiba que Ele deseja estar contigo!

"A conexão certa nos ensina que ouvir a Deus é compreender que aquilo que provém Dele nos traz paz."

Barbara Christie

BÁRBARA LOUBACK

Me chamo Bárbara Lima Louback, tenho 35 anos e sou natural e residente de Serra, Espírito Santo. Sou uma serva do Deus Altíssimo, filha de Carlos Henrique Louback e Neusa Santana, casada há 13 anos com Fred Ananias e mãe de Ana Júlia, Eva e Otto. Já fui empresária, porém atualmente sou dona de casa por obediência a Jesus.

Me converti a Cristo há 5 anos, e desde então tenho vivido e testemunhando o sobrenatural de Deus na minha vida e na minha família. O encontro que tive com o Senhor Jesus mudou a minha história, de uma pessoa "vazia" e um casamento fracassado a uma vida nova cheia da graça de Deus com meu casamento transformado e edificado na rocha que é Jesus.

barbaralloubak

Bárbara Louback

04 O MILAGRE NO CASAMENTO

Por Bárbara Louback

Passei trinta anos da minha vida sem conhecer os caminhos de Jesus. Desde os meus treze anos, comecei a frequentar vários tipos de festas. Com meus pais já separados, perdi minha base familiar, a referência de pai e mãe, e acredito que isso impactou negativamente a minha vida sentimental.

Os anos foram passando, e eu fui me envolvendo cada vez mais na "curtição" da vida. Comecei a beber, fumar e praticar muitas coisas que o mundo oferece. Hoje, ao olhar para trás e analisar tudo o que vivi, vejo uma jovem perdida, sem destino ou direção, buscando atenção e amor em coisas e pessoas. Tentava, de certa forma, preencher um vazio dentro de mim que só Deus poderia preencher. Sempre ouvi falar de Deus, mas não o conhecia, não tinha intimidade com Ele.

Não culpo meus pais, familiares ou as pessoas que me acolheram e cuidaram de mim, porque sei que deram o seu melhor. Entenda, esse vazio que mencionei é um buraco que todos nós temos e que só é preenchido por Cristo. Enquanto Jesus não entra em nossas vidas e preenche esse lugar que é Dele, a tristeza irá retornar, mesmo que não entendamos o porquê, pois a verdadeira compreensão está em Deus.

Certo dia, aos dezessete anos, em uma festa pré-Carnaval, conheci o Fred, meu esposo. Começamos a conversar, ficamos juntos na festa e marcamos de nos encontrar no dia seguinte; assim começou a nossa história de amor. Chegou a semana do carnaval, cada um foi para um lugar se divertir e, quando retornamos, nos encontramos e logo depois começamos a namorar.

Fomos fiéis um ao outro por pouco tempo; nos envolvemos com outras pessoas e brigávamos muito por causa dessas situações. Nos separamos várias vezes, mas sempre voltávamos. Da última vez, confesso que pensei que não iríamos mais retomar, mas não sabíamos que Deus já tinha um plano para nossas vidas, enquanto Satanás tentava "abortá-lo".

Um dia, depois de meses separados, marcamos de nos encontrar e conversar. Naquela conversa, há treze anos, decidimos morar juntos. O que me faz lembrar o que a palavra do Senhor diz em Isaías 55:8-9:

"Pois os meus pensamentos não são os pensamentos de vocês, nem os seus caminhos são os meus caminhos, declara o Senhor. Assim como os céus são mais altos do que a Terra, também os meus caminhos são mais altos do que os seus caminhos, e os meus pensamentos, mais altos do que os seus pensamentos."

Os caminhos e planos de Deus para nós são melhores do que os nossos. Eu e Fred já estávamos separados, mas Deus nos uniu novamente porque tínhamos/temos um propósito aqui na terra para cumprir. Achamos que, indo morar juntos, viveríamos felizes, sem problemas, mas aqui começou uma "guerra". Imagine duas pessoas sem referência de casamento, que não baixavam a "guarda"; o resultado eram brigas quase todos os dias. Eu não assumi meu papel de esposa, e ele também não assumiu o papel de marido. Não demorou muito e engravidei da Ana Júlia, que nasceu em 2013. O cenário parecia muito lindo, mas a realidade era que as brigas só aumentavam, a ponto de, em uma briga rotineira, o Fred quebrou meu braço. Precisei ir para o hospital e ficar engessada por três meses.

Agora, com uma criança, eu não cuidava da minha casa, que sempre estava uma bagunça, e cuidava ainda menos da minha filha. Continuamos com as traições, chegando ao ponto de querer nos separar. Fomos perdendo a vontade de estar perto um do outro, de namorar; quanto mais distante, melhor. Mas...

Em meio a esse cenário de caos familiar, engravidei novamente e descobri que era uma menina, a Eva. Creio que Deus enviou Eva para me "parar"; costumo dizer que Eva veio ao mundo para mudar a nossa história. Ela nasceu em maio de 2018, o ano que Deus escolheu para nos resgatar.

No aniversário da Ana Júlia, em agosto, no meio da festa, eu e Fred brigamos como de costume, e naquele dia, pensei que, ao chegar em casa, pediria a separação. Após a festa, fomos para casa, e Deus já tinha planejado tudo. Meus primos foram lá em casa ajudar a levar as coisas do aniversário, e eles são cristãos. Sentiram que não estava nada bem e perguntaram se podiam fazer uma oração, e nós aceitamos.

Foi nesse momento que, mesmo sem entender muito, permitimos que Jesus começasse a entrar em nossas vidas e no nosso lar. A partir desse dia, começamos a receber pessoas em nossa casa para orar e participarmos de células. Além disso, nos convidaram para ir a uma igreja evangélica. Parecia algo normal, mas para nós, que falávamos tão mal dos "crentes", ficamos muito receosos.

Eu aceitei ir ao culto, mas meu esposo, não. Ele falava que ir à igreja evangélica já era demais, havia um preconceito. Enquanto eu ia nos cultos toda semana com as nossas filhas, ele ia para os bares se divertir. Para a igreja, ele falava que não iria de jeito nenhum. Mas Deus gosta de resgatar os improváveis.

Os meses foram passando, e algumas coisas na minha vida já não faziam mais sentido. A vontade de estar em ambientes onde Deus estava aumentava. Eu brigava muito com meu esposo para que ele fosse para a igreja, mas um dia Deus falou comigo: "Filha, fica em silêncio e em oração. Seja uma mulher sábia e não tola, e Eu vou agir na vida dele." E assim foi feito. Um dia, ele quis ir ao culto conosco, e dali em diante, até hoje, não parou. Glória a Deus!

Aos poucos, vivendo os processos, fomos largando as coisas que não convêm a uma vida com o Senhor. Em um culto, nós dois juntos aceitamos a Jesus. Após isso, aconteceu exatamente como o seguinte versículo:

"Entrega o seu caminho ao Senhor; confia nele, e ele tudo fará." (Salmos 37:5).

Fazer essa entrega ao Senhor Jesus muitas vezes não é fácil; dói, haverá muito choro, e é preciso abrir mão de coisas e pessoas que Deus ordenará. No entanto, posso garantir que tudo valerá a pena para que a promessa seja cumprida em sua vida. Não há como o novo de Deus chegar em sua vida se o velho ainda está presente. A Palavra diz: "E ele tudo fará". Mas não é tudo o que queremos, e sim tudo o que é necessário para as nossas vidas.

Durante esse processo, engravidei novamente, dessa vez de um menino chamado Otto. Ele nasceu em dezembro de 2021. Dois anos antes de engravidar, em um culto, Deus falou comigo que eu iria engravidar e que enviaria um profeta para nossa casa. Confesso que não acreditei muito, mas Deus não mente; se Ele falou, Ele irá cumprir.

Estamos na caminhada com Cristo há cinco anos, cinco anos de renúncias e dos "nãos" de Deus. Quando o "não" de Deus chega, não entendemos, questionamos, mas tudo tem um propósito. Tinha dias em que eu falava com Deus, dizendo que não aguentaria o processo, mas o Senhor estava ao meu lado, me fortalecendo.

Aprendi que o manual da minha vida está na Bíblia e que, se não a ler e meditar nela dia e noite, não conseguirei ter as armaduras de Deus, que são Suas palavras. Elas nos fortalecem, nos enchem do Espírito Santo de Deus para vencermos o mal do dia. Que a partir de hoje a Bíblia seja o manual da sua vida.

O cenário da minha vida e da minha família era semelhante ao descrito em Ezequiel 37, o vale dos ossos secos, onde nada tinha mais vida. O casamento estava derrotado, a intimidade com os filhos estava totalmente fora de controle, a vida financeira ia de mal a pior, e no âmbito espiritual eu estava vazia. No entanto, Deus ordenou que profetizássemos sobre os ossos secos, sobre esse cenário, e aos poucos a vida foi retornando, tudo se encaixando no seu devido lugar.

Se você, que está lendo um pouco sobre a minha história, reflita sobre a sua própria vida; como ela está? Deus quer mudar esse cenário, dê legalidade para Ele. Abra seu coração sinceramente a Ele, e você contemplará os milagres do Senhor em sua vida e na de sua família. Você crê?

Lembre-se, nosso primeiro ministério é a nossa família. A partir de hoje, não se esqueça disso. Não há nenhum sucesso neste mundo mais precioso do que o nosso lar, amém? Hoje, posso declarar: "Eu e minha casa serviremos ao Senhor", como diz em Josué 24:15.

Declare também, aos olhos da fé, que você e toda a sua família servirão ao Senhor Jesus, Àquele que faz o impossível acontecer. Provavelmente, a área em que você foi mais atingido por Satanás é a mesma em que Deus mais vai te usar.

A minha área foi o casamento. Houve outras áreas? Sim, mas foi nessa que Satanás, de todo jeito, quis destruir, e ele perdeu. Foi nessa área que vivi e vivo o sobrenatural de Deus, onde aos olhos carnais não parecia ter mais solução, mas para Deus, tudo é possível.

Deus vinha falando comigo há anos que eu iria pregar Sua palavra, que Ele me chamou para o altar. Confesso que, para mim, isso parecia distante, mas busquei a Deus, vivi Sua palavra, e agora estou contemplando o início das promessas. Ministro a palavra na minha igreja, em evangelismos nas ruas e nas redes sociais. O principal é que tento viver a palavra todos os dias e falar do amor de Cristo por onde passo.

É somente Deus que nos tira do lugar de vergonha, do fundo do poço e nos transforma de tal maneira para que possamos testemunhar o que Ele pode fazer na vida das pessoas. Quantas vezes Deus falou com você, que você é escolhido, tem um chamado? Tome posse hoje mesmo.

Um dia, Deus falou assim para mim: "O seu SIM a Deus será usado para libertar pessoas através da sua vida". Diga SIM hoje para Deus. Você é um canal de bênção para o outro. Amém?

No início de tudo, Deus criou Adão e Eva (Gênesis). O casamento é tão precioso e único que o primeiro milagre de Jesus foi em um casamento (João 2), ensinando a importância do matrimônio.

É necessário cuidar e cultivar o casamento todos os dias. Quando um casal está unido em Cristo, nada pode destruir essa união. Convido você a buscar viver o sobrenatural de Deus através da restauração do seu casamento. No entanto, antes de haver mudança nele, essa transformação precisa começar em você, para que sua mudança transborde para o seu cônjuge.

Que possamos ser luz do Espírito Santo de Deus por onde passamos, e que onde pisarmos, o Senhor nos conceda por herança. O lugar onde teremos mais prazer e amor em servir é dentro do nosso lar. Que haja a presença de Deus, paz, alegria, paciência, discernimento, beijos, abraços, amor e que não haja orgulho, soberba, mentiras ou autoritarismo.

Sua vida e seu casamento serão testemunhos para edificar outras vidas e famílias. Amém?

“O seu SIM a Deus vai ser usado para Ele libertar pessoas através da sua vida.”

Bárbara Louback

BEATRIZ ROCHA

Beatriz Rocha é palestrante, treinadora, mentora e escritora. Pós-graduada em Dinâmica dos Grupos pela SBDG, com MBA em Gestão Empresarial e Gestão de Pessoas pela FGV; Analista Comportamental DISC e Assessment Janusian; Practitioner em PNL, com várias formações de coaching, inclusive com certificação internacional.

Atuou em empresa de grande porte durante 20 anos, em cargos de liderança nas áreas de relacionamento com cliente e RH. Por 10 anos, fez trabalhos voluntários em postos de assistência à comunidade e foi integrante do grupo SóRia, atuando como Dra. Alegria no Hospital do Câncer e na Santa Casa de Cuiabá/MT.

beatrizrocha.oficial

Beatriz Rocha

beatrizrochacoach@gmail.com

05 DEUS AINDA FAZ MILAGRES

Por Beatriz Rocha

Você já ouviu falar na frase: "Não há nada tão ruim que não possa piorar?" Talvez o fundo do poço seja o lugar ideal para viver o sobrenatural de Deus! Já pensou nisso? Não sei você, mas comigo foi assim. Dor, sofrimento, angústia, tristeza, luto, sentimento de culpa, depressão, enfermidade, autoestima baixa, perda de identidade, vazio existencial; enfim, posso dizer que estava sem forma, vazia e as trevas me cobriam, bem semelhante ao que as Escrituras retratam em Gênesis 1:2.

Acredito muito que o poder de Deus se manifesta de forma inexplicável no meio do caos, gerando reflexão, aprendizado, mudança de mentalidade e comportamento. Nascer de novo (João 3:7) torna-se algo necessário para quem quer viver o extraordinário de Deus e ter uma vida transformada. Trago um pouco do que aconteceu comigo para você entender o poder de Deus manifesto em minha vida. Aos 34 anos, na véspera da colação de grau, sofri um aborto espontâneo, minha alegria tornou-se uma grande tristeza. Engravidei novamente e, com 9 meses de gestação, já na maternidade, e não identificando batimentos cardíacos, o médico disse friamente: "Infelizmente o seu bebê está morto!". Meu Deus!!! Não gosto nem de lembrar essa cena, eu dei um grito tão alto "NÃO, NÃO É VERDADE, OLHE NOVAMENTE!". Realizei a cesariana aos prantos, eu não conseguia parar de chorar. Quando a enfermeira trouxe meu bebê, não tive forças para abrir meus olhos e pegá-lo nos braços. Não queria vê-lo morto e com isso perdi a oportunidade de conhecê-lo. Eu estava em choque emocional! No dia seguinte, em casa, sem meu filho, e ao ver o quartinho dele, derramei-me em choro sentindo a dor da perda e agora também a do arrependimento de não tê-lo conhecido, que sensação horrível! A tristeza se instalou na alma, mal sabia que minha mente iria me acusar dizendo que a culpa de sua morte era minha. Não era verdade, mas carreguei por muito tempo em silêncio tal culpa, nem meu esposo sabia dos meus sentimentos mais profundos.

Aos 42 anos, eu estava com Burnout (estresse crônico), soube disso ao procurar um psiquiatra, o qual identificou também a depressão. Como estava cuidando de minha mãe com câncer, ninguém soube do meu diagnóstico, seguindo dessa forma por mais 3 anos. Após sua morte, me vi num abismo e as forças que me mantinham de pé se foram, com dores terríveis na cervical, lombar, ombros, punhos, planta dos pés, cabeça e estômago, com o estado emocional totalmente fora do eixo pela somatização, sem perspectiva de futuro e com tristeza de alma, pois a depressão faz isso com a pessoa, tomava 11 comprimidos por dia, dentre eles, 6 psiquiátricos, supliquei a Deus por SOCORRO! Não aguentava mais! Por fora, apresentava-me bem, mas, por dentro, estava destruída. Eu nunca havia presenciado manifestações de Deus tão próximas de mim como as que vou compartilhar.

A partir do momento que decidi arrumar uma ajudante para meu lar, tudo mudou. O incrível é que eu não esperava que ela ajudaria além dos afazeres domésticos, uma enviada de Deus atendendo um pedido de socorro solicitado em oração. Eu não sabia que aquela mulher carregava unção de missionária; sim, uma serva de Deus com fé admirável e vários dons espirituais, inclusive de revelação. Depois de algum tempo, Elaine disse que já me conhecia antes do nosso primeiro encontro, contou-me que teve um sonho de revelação onde Deus mostrou uma mulher em sofrimento. Que forte! Essa mulher era eu. Nunca presenciei algo igual e assim começou a missão de resgate, cura e libertação.

Eu agora estava com uma enviada de Deus, guerreira de Cristo que intercederia por mim, não estava mais lutando sozinha. Aprendi muito com ela, eu nunca havia jejuado, não sabia qual era o sentido disso e foram surgindo dúvidas: Por que fazer propósitos de jejum e oração? Como deveria proceder? Aprendi a orar de forma diferente, falar e conversar com o Pai buscando mais intimidade, a dobrar o joelho na madrugada e me derramar na presença de Deus com o coração quebrantado. Aprendi a ler e meditar na Palavra, a apresentar campanhas com propósito específico, por exemplo, de libertação dos medicamentos psiquiátricos que eram de uso contínuo.

Hoje sei que quem dá a última palavra é Deus! No último dia da campanha, 28/09/2018, fui liberta e nunca mais tomei comprimidos para depressão. Mas ainda tinha algo errado, eu precisava ir na causa, havia um peso que eu carregava, o da "culpa", no qual em oração Deus mostrou a cena da perda de meu filho, uma ferida aberta que me impedia de seguir adiante com mais leveza e saúde. Foi necessário liberar o autoperdão e assim o fiz, recebi a partir daí a cura dessa ferida.

Retomei minha vida e voltei a trabalhar, quando mais um fato ocorreu, fiquei internada por 3 dias, com infecção intestinal. O interessante é como Deus age: após uma semana da alta, continuava com dor de cabeça; o médico resolveu fazer uma ressonância do crânio. Pergunto a vocês: Será que estava sendo guiado por Deus? Um gastro pedir ressonância de crânio? E lá estava eu com um tumor cerebral. Aos 48 anos, recebi esse diagnóstico. Consultar um neurocirurgião em Goiânia e ouvir tantas situações que poderiam acontecer comigo não foi nada agradável. Eu e meu esposo Edson saímos do consultório assustados, com incertezas e medos.

Decidimos ouvir uma segunda opinião, em São Paulo. Mesmo não tendo situação financeira favorável, decidimos ir. Percebemos a diferença de profissional, por mais que os riscos fossem os mesmos, a condução foi totalmente diferente. O obstáculo agora era conseguir os R$ 69.300 cobrados pelo médico que não atendia plano de saúde. Ao voltar para Rio Verde/GO, iniciei uma campanha de jejum e oração em prol da cirurgia. Faltava uma semana e ainda estávamos sem dinheiro para tal procedimento.

Deus mais uma vez entrou em ação e começou a tocar pessoas, moveu de forma extraordinária minha família e amigos de Cuiabá, onde morei 31 anos. Ao conversar com minha cunhada Adriana e sobrinha Luciana, relatei minha preocupação da questão financeira. Foi quando Luciana sugeriu utilizar o vakinha.com.br, recurso online que arrecada doações. Família e amigos abraçaram a causa e não houve explicação **natural** para o que aconteceu, mas creio no **sobrenatural de Deus**, assim que abriu o site, um movimento incrível aconteceu entre as pessoas e em três dias a meta de R$ 70.000 foi alcançada de forma surpreendente. Ressalto, Deus é o dono do ouro e da prata conforme Ageu 1:8.

Foi sobrenatural o que aconteceu, não só nos supriu com o recurso financeiro, mas também o Céu entrou em movimento a meu favor para me fortalecer emocionalmente. Inesquecíveis as mensagens recebidas de carinho, força, fé, otimismo e acolhimento. Foram combustíveis para enfrentar os momentos difíceis que passei. Afirmo que Deus conhece nossas necessidades e nosso coração e Ele sabia do que eu precisava, não era apenas recurso financeiro. A família de Cuiabá ficou eufórica pela conquista, um movimento lindo! Senti-me amada por todos, principalmente por Deus.

Enfim, chegou o dia da cirurgia, minutos antes de ir ao centro cirúrgico entreguei meu propósito de jejum que durou 55 dias, e ao entrar na sala, olhei para todos aqueles aparelhos e as imagens do tumor expostas nas tvs, respirei fundo e mentalmente falei: "Senhor, sei que está aqui guiando as mãos desses médicos e creio que o tumor será retirado totalmente sem deixar nenhuma sequela! Estou em suas mãos! Vai dar tudo certo! Eu creio!".

Edson ficou na capela do hospital orando pela minha vida e, ao ver o médico indo ao seu encontro com um sorriso no rosto, teve a certeza de que havia dado tudo certo. Ao chegar em Rio Verde, tive uma crise de ansiedade e digo a vocês: que sensação de morte terrível! Sabe qual foi o gatilho? Meus pensamentos: "E agora, quem vai cuidar de mim? O médico não mora aqui; e se eu precisar dele?". Sentia medo e preocupação com o futuro.

Os dias passaram e, ao invés de me recuperar da cirurgia, fui só piorando, tendo letargia na fala e de movimentos, tremor nas pernas e mãos, confusão mental e dificuldade de completar a frase. Elaine, ao me visitar, observou erupções no meu rosto e pescoço e diante do seu alerta, enviei foto ao médico, que sem demora ligou suspendendo de imediato o anticonvulsivo, pois era uma reação alérgica da medicação.

Fui melhorando gradativamente e, com 18 dias de cirurgia, mesmo com dor de cabeça, estava cultuando na igreja para agradecer o fato de estar viva e sem sequelas; pois reconheci que Deus havia me dado a oportunidade para construir uma nova história! Passei a me amar mais e cuidar de todas as áreas da vida. No entanto, mais um fato estava por vir, a vacina contra covid-19 quase me levou à morte, não estou exagerando, tive uma reação, permanecendo 34 dias com dor de cabeça intensa que nada passava, fui várias vezes ao hospital, aplicaram o analgésico Tramal, morfina e outras medicações fortes.

As veias da cabeça pulsavam tanto, e não aguentando mais, pedi ao meu filho para me levar pela quinta vez ao hospital; já estava há três noites sem dormir e no meu limite de dor. No entanto, parece que voltei do hospital pior, comecei a chorar sentada na cama e no auge do meu desespero orei ao Senhor e supliquei por socorro. Prestem atenção no que Deus fez! Na manhã seguinte, Elaine me visitou, e vendo meu estado, prontamente orou com autoridade e foi forte o que presenciei. Ao terminar sua oração, olhou pra mim e disse: "Deus manda te dizer que te deu livramento de morte, mostrou uma veia da cabeça se rompendo e não ia dar tempo de socorrer". No mesmo instante, a pulsação parou e a dor de cabeça sumiu! Um milagre aconteceu, Glorias a Deus!

Em Provérbios 46:1 diz que "o Senhor é nosso alto refúgio e fortaleza, socorro bem presente na angústia". Neste dia, eu vivi o sobrenatural de Deus de forma palpável, já estava sem esperanças, os recursos médicos não puderam me socorrer, mas o Pai me enviou socorro, Deus é fiel! Creia, Deus ainda faz milagres! Ore, jejue, faça campanhas, medite e estude a palavra. "A fé é o firme fundamento das coisas que se esperam, e a prova das coisas que se não veem". Hebreus 11:1.

Recebi a cura e o amor de Deus!

"Quando se está no fundo do poço, há duas opções: desistir ou lutar. Então, lute e viva o sobrenatural de Deus."

Beatriz Rocha

BRUNA JUSTUS

Sou filha de um Deus vivo, mas nem sempre me senti assim! Demorei a aceitar quem eu de fato era, e vou te contar mais sobre isso ao longo do próximo capítulo.

Sou casada com o Humberto, verdadeiro homem de Deus e da nossa casa. Juntos, somos pais da Alice e da Bella, joias que Deus nos presenteou na vida. Tenho formação em Marketing, MBA em Gestão Empresarial, mas minha maior formação é na escola da vida e do Reino. Com todo respeito, nada do que aprendi na faculdade ou MBA supera os aprendizados que tive ao longo da minha jornada.

Após uma infância e adolescência cheia de desafios, iniciei minha busca por me conhecer e me encontrei na Inteligência Emocional, tendo me formado como Master Practitioner em PNL e *Master Coach*. Só após isso,o caminho foi aberto para que eu pudesse me reconectar com Aquele que me amou primeiro e me desejou antes que minha amada mãe pudesse sonhar em ter uma filha: Deus.

brunajustus

+55 (13) 98147-7646

06

DEUS EM CADA DETALHE

Por Bruna Justus

Nasci no dia 15 de março de 1986, mas minha história de vida começou muito antes disso! Sabemos que um ser humano tem vida desde o momento de sua concepção. O que talvez não entendamos ainda é o tanto que esse bebê já pode absorver as coisas que acontecem fora de seu corpo e do corpo que o hospeda. Quero que leia essa história sabendo que talvez a sua também tenha sido desafiadora e que, ao te contar uma parte de como eu vivi o sobrenatural de Deus, não quero com isso que pareça que sofri. Quero que entenda que eu ACREDITAVA que não importava, que não tinha valor! E talvez você, com a sua história de vida, também tenha acreditado nisso em algum momento, ou ainda esteja acreditando! Lá no fundo, você sente que importa?

Sem fantasiar ou romantizar, vou te contar uma parte da minha história. Minha mãe engravidou aos 24 anos de idade de um lindo e jovem rapaz de 21. A gravidez não estava nos planos daquele casal de jovens. Ele, acredito que por medo e impulso, sem entender muito sobre as consequências disso, sugeriu o aborto. Ela decidiu seguir com a gravidez, mesmo dividida entre a alegria do presente de Deus e o medo de enfrentar uma gravidez tão jovem e, possivelmente, sozinha. Eles se separaram e desde então nunca mais se encontraram.

Nasci em um lar de muito amor! Minha mãe me amou tanto que eu acreditei, por muito tempo, que era mais do que suficiente. Era tanto que ela fazia por mim, me supria e demonstrava amor, que era comum no segundo domingo de agosto eu dizer a ela: Mãe, feliz Dia dos Pais!

Acontece que não se pode negar o óbvio. Somos feitos de 50% pai e 50% mãe! E eu precisei de um pai! Eu precisei de um pai que me desse limites, que me amasse como eu precisava e merecia, um homem que me dissesse para não andar com más companhias, que me mostrasse que tipo de homem mereceria estar ao meu lado.

Aos 13 anos de idade, percebendo que essa falta gritava de alguma forma dentro de mim, quando menos imaginei, eu me apaixonei! Aquele frio na barriga, imaginando que aquele rapaz que eu conheci num momento de pura adrenalina seria o homem da minha vida, tudo o que eu acreditava que merecia! Resultado: relacionamento tóxico, subjugada, crendo e me comportando como uma "mulher de malandro" (guarde essa informação, ela vai fazer sentido mais para frente).

Quando, na época, minha mãe e meu padrasto tentaram me estabelecer limites, dizendo que não era o tipo de relacionamento ideal para mim, já era tarde! Eu surtei. Eu tinha certeza de que, se aquele rapaz não ficasse comigo, ninguém mais iria me querer e ninguém mais se sujeitaria a estar comigo. Ali seria o fim de toda a minha esperança de "ser" alguém na vida, de ter uma família. O medo era tão grande que tentei tirar a minha vida! Uma criança ferida, tentando desesperadamente chamar atenção.

Quando acordei, estava no hospital infantil da cidade. Escrevo isso entre lágrimas porque sei que nem eu, nem minha mãe merecíamos passar por isso! Ao abrir os olhos, eu estava deitada em uma maca e minha mãe segurava a mão que estava com soro! Ela chorava pedindo a Deus que eu acordasse e ao mesmo tempo perguntava a Ele: Por quê? Por que, Deus? O Senhor me deu ela, por que isso agora?

Eu sinto dizer que, quando acordei, dois pensamentos passaram pela minha cabeça: "Me perdoa por te fazer passar por isso, mãe!" e o outro era: "Nem isso eu dou conta de fazer?". Eram dois pensamentos bem antagônicos, o primeiro demonstrava um pingo de dignidade em mim, mas o segundo, egoísta, era de uma menina que queria se sentir capaz fazer algo por ela mesma (nem que fosse aquilo).

Após esse fato, eu comecei minha jornada com Deus. Aos 15 anos eu era uma jovenzinha da igreja. Me alegro tanto por poder escrever isso! Mesmo que ainda fosse uma menina cheia de medos, inseguranças e desafios, ia feliz aos cultos de domingo com a minha amada mãe dos cabelos longos. Deus falava tanto com a gente.

Até que, um dia, percebi que a igreja era feita de homens e me decepcionei com a doutrina. Entenda quando eu digo que: EU me decepcionei (guarde mais essa informação, também fará sentido mais para frente)!

Me afastei da igreja e "fui viver a vida". Seguindo a minha busca por cura interior, me encontrei na Inteligência Emocional e mergulhei de cabeça nessa jornada de autoconhecimento. Uau! Como é libertador saber que não estamos fadadas ao fracasso, que nossos erros não nos definem, que nossas circunstâncias não nos limitam!

Aos poucos fui me curando, perdoando, entendendo as pessoas como elas são, e que cada um só pode dar o que tem. Só posso dar amor se eu tenho amor dentro de mim, só posso dar compreensão se tenho compreensão dentro de mim, só posso dar respeito se tenho respeito dentro de mim. E assim funciona com as pessoas com quem nos relacionamos também. Elas só nos dão o que têm!

Nessa caminhada, eu me casei com um lindo homem! Um homem de verdade, sabe?! Carne, osso, pele e sangue! Lembra que eu falei que não ia romantizar nem fantasiar a minha história? Pois é! Humberto é gente como a gente. É coração, é emoção, é um trator no que se refere a trabalho, resultados e proteção para a nossa família! Humberto é o meu isqueiro. Isso mesmo! O "cara" que ilumina a escuridão e que também acende a chama que impulsiona o foguete! Ele sangra quando está ferido, e não mede esforços para buscar ajuda quando não encontra seus próprios band-aids. Ele erra, aprende, conserta, se conserta, me conserta, quer (e vai) consertar o mundo. É um paizão e um baita marido! Ele nem sempre foi um príncipe, mas é o meu príncipe! Inclusive, é assim que está salvo o número dele no meu telefone. E começo a ligar os pontos com essa fala: Ele nem sempre foi um príncipe, mas é o meu príncipe!

Quando acreditamos que somos alguma coisa, por consequência nosso cérebro faz com que a gente se comporte da forma que cremos. Vou explicar melhor. Se eu acredito que sou rejeitada, não amada, mulher de malandro, eu passo a me comportar de forma a validar essa crença! Mesmo que eu não concorde com isso, mesmo que eu não goste de agir assim. Nosso cérebro não sabe se comportar de maneira diferente daquilo que cremos. Por isso é que temos que prestar muita atenção nas coisas que cremos e que professamos. Provérbios 23:7, diz: "Porque, como imagina em sua alma, assim ele é!" Se eu acredito que não sou merecedora, é assim que eu ajo e isso é o que eu me torno! Se eu acredito que eu não dou certo na vida, é assim que eu ajo e acabo me tornando!

Agora, veja que libertador saber que se eu enxergo coisas boas a meu respeito, também é isso que eu me torno! Se eu acredito que sou amada, é isso que eu me torno! Se acredito que sou casada com um príncipe, ajo como uma princesa e, vendo meu marido assim, para mim é isso que ele se torna! Entenda que nos tornamos aquilo que cremos. Somos merecedores daquilo que nossa mente crê.

Quando falo sobre crenças que limitam nossos comportamentos, sempre gosto de trazer o exemplo do marido ideal. Ah! Que mulher não sonha com aquele homem lindo, protetor, cheio do Espírito Santo, que a recebe em casa com flores, que a honra, ama, respeita, se diverte com ela, que sabe conversar sem acusações? Lindo, né? Agora me diz, um marido desse, tem que tipo de mulher em casa? Será que você tem se comportado da maneira que a mulher ideal, para o marido ideal, se comporta?! Forte, hein?!

Não quero com isso te trazer culpa, longe disso! Inclusive se você se sentiu culpada, liberte-se dela agora fazendo a seguinte pergunta: Que alerta esse sentimento quer me trazer? O que preciso ajustar em mim para deixar de me culpar e agir dessa forma? Diga: eu me aceito como sou e me permito alterar minhas crenças e comportamentos para alcançar os níveis que quero para a minha vida.

Quando creio em algo – me comporto de maneira a validar aquilo –, atraio mais daquilo para a minha vida! Então, se alterarmos os nossos comportamentos, podemos alterar as nossas crenças, Bruna? Aham! Se eu me comporto como a esposa ideal, eu atraio o comportamento de um marido ideal. Se eu me comporto como alguém que tem valor, mostro para o meu cérebro que não aceito nada diferente disso.

Quero te trazer um dos poderes que ensino na minha Jornada de Superação: a autorresponsabilidade! Nós somos responsáveis pelos resultados que temos. Como 2 + 2 são 4. Eu ajo de certa maneira, eu atraio aquilo para mim. Por isso fiz questão de frisar a importância de olharmos para as nossas crenças. O quão limitada tem sido a sua visão a seu respeito? Em que você acredita a seu respeito? Como você vê a sua história?

Sonhe! Eu desejo que você sonhe! E quero, também, que você acredite nos seus sonhos, acredite que eles são seus, e que você talvez precise de ajuda nessa caminhada. Levante a mão, peça ajuda para aqueles que já alcançaram aquilo que você almeja para a sua vida.

Quando eu disse que me decepcionei com a igreja, EU me decepcionei porque criei uma expectativa falsa de que ali eu seria amada e aceita como era, uma expectativa falsa de que ali ninguém iria errar, falar ou fazer besteiras. Tudo isso com base nas coisas que eu acreditava. Eu queria ser cuidada, mas não acreditava que merecia e, consequentemente, não me abria para ser cuidada pelo único capaz de me cuidar, amar e aceitar como eu era. Eu estava ali, sem acreditar em mim, buscando a salvação em homens, não em Deus.

Então, cuide de você. Cuide das coisas nas quais você acredita. Entenda que sua salvação não está nos homens, mas em Deus! E que para acessar isso, você precisa se conhecer e se aceitar!

Talvez você se pergunte: Mas, Bruna, quando foi que você viveu o sobrenatural de Deus?

E a minha resposta, com um sorriso largo no rosto é:

Todos os dias da minha vida!

Ao olhar para a minha história, Ele estava lá!

Naquele leito de hospital, Ele estava lá!

Ao acordar e abrir os olhos, Ele está lá!

Ao me deparar com uma crença que me limita, Ele está lá.

Quando me abro para me curar, Ele está lá!

Quando perdoo, Ele está lá!

Quando me perdoo, Ele está lá!

Permita-se olhar por essa perspectiva de que Deus habita nos grandes e nos pequenos detalhes e viva o sobrenatural d'Ele, todos os dias da sua vida!

"Deus não erra! Você TAMBÉM importa!"

Bruna Justus

CACAU DE PAULA

Olá! Sou Ana Claudia Pereira de Paula, conhecida carinhosamente por Cacau de Paula. Sou filha amada de Deus, esposa e mãe, nascida em Londrina/PR, sou casada com Lucio de Paula há 18 anos, mãe do Samuel e do Gabriel.

Sou formada em Jornalismo, professora e tradutora de inglês, pastora e fundadora, junto com meu esposo, da Love Church Global, em Foz do Iguaçu. A cada dia, posso dizer que vivo o sobrenatural de Deus e uma fé extraordinária!

Quero compartilhar com vocês um pouco da minha jornada de vida sobrenatural, é possível viver a perfeita vontade de Deus para sua vida, somente creia e obedeça aos princípios que Ele nos ensina!

Fé, dependência e obediência são chaves cruciais para uma vida de milagres. Tenho vivido assim nos últimos 20 anos e te convido a ler um pouco sobre minha experiência.

cacaudepaula10

+55 (45)99901-4530

agomes_pereira@hotmail.com

07 DEUS OPERA O SOBRENATURAL EM MEIO AO CAOS

Por Cacau de Paula

Deus opera o sobrenatural em meio ao caos. Deus não fala nada que Ele não vá cumprir!

Deus é Deus, e não há limites para Ele. O mundo espiritual é regido por palavras, comece a declarar as verdades do Reino sobre você e seu destino, e você começará a ver o sobrenatural de Deus em sua vida.

Mas antes, te faço uma pergunta: O que é o sobrenatural de Deus? O que é andar no sobrenatural? Você precisa entender que andar no sobrenatural é um convite de Deus para você, para que você possa experimentar uma mudança extraordinária em sua vida.

Hoje eu entendo que os convites de Deus para minha vida a ir mais profundo n'Ele foram sendo feitos desde que eu o aceitei como meu Senhor e Salvador, renunciando meus desejos pessoais, era para que eu pudesse viver na dependência total de Deus Pai, assim vivendo e vendo a vontade d'Ele se cumprir na minha vida.

Eu hoje posso dizer que estou vivendo a grande maioria das palavras proféticas que foram lançadas sobre mim, porque eu decidi caminhar na obediência daquilo que tenho escutado do Espírito Santo rumo ao meu destino em Deus! Existe um segredo: há uma aceleração na obediência.

Lembro-me quando eu comecei a orar com meu esposo (na época, meu namorado, melhor dizendo: amigo especial rumo a um compromisso), já recebíamos algumas palavras, uma delas é que seríamos pais de multidões, que seríamos pastores, palavras liberadas por grandes homens de Deus, como Randy Clark! Confesso que parecia algo bem distante da minha realidade! Na verdade, era algo que eu nem queria, não queria ser pastora.

Eu era uma estudante de Comunicação, tinha apenas 22 anos de idade e sonhava em ter uma carreira no jornalismo. Me casei com o amor da minha vida, missionário, um homem muito inteligente, temente a Deus, que me direcionou muito ao longo dos anos. Ele nunca me obrigou a nada, não me obrigou a não exercer a profissão, mas as coisas não caminhavam para tal!

O segredo foi obedecer, mesmo não entendendo e até não concordando, eu ia obedecendo os direcionamentos de Deus! Fui servindo ao ministério que fazia parte, servindo pessoas; pastorear não é um título, mas, sim, uma vocação. Foi o que fiz a minha vida toda: amar pessoas e servi-las. Os anos se passaram, mudamos de cidade e depois de país, sempre servindo a igreja local.

Sabe, parece que um dia o Senhor, com muito amor, me colocou contra parede, eu não tive saída, Ele me pegou com uma pinça no meio da multidão e me escolheu para tão linda missão!

Hoje, sou pastora com meu esposo em tempo integral, faria tudo de novo, e sou tão grata por viver os melhores anos da minha vida! Obedeça, renuncie, não brigue com Deus, ele vai te levar no melhor lugar da tua vida!

Há provisão em viver a palavra, não aceite o contrário. "Já fui jovem e agora sou velho, mas nunca vi o justo desamparado e nem seus filhos mendigando o pão." (Salmos 37:25).

As palavras se cumpriram quase 15 anos depois, Deus é um Deus de processos, não há *fast-food* com Deus, quando ele chama, Ele capacita e ninguém se capacita do dia para a noite. Aceite os processos, abrace seu processo.

Existem coisas inexplicáveis aos olhos humanos, situações que acontecem que você olha e diz: "Isso só pode ter sido Deus!" Você já viveu isso? Você já parou para pensar que esses ocorridos são sobrenaturais?

Deixe-me contar uma história! Me lembro no meu primeiro ano de casada, quando vivíamos integralmente para o ministério do qual fazíamos parte em 2005, e éramos dois jovens apaixonados por Jesus, vivendo e dedicando nossas vidas para a pregação do Evangelho de Cristo! Era dia de pagar o aluguel e, acredite, tínhamos somente parte do dinheiro, não tínhamos tudo. Eu como era nova em viver tudo isso, logo pensei em ligar para minha mãe e pedir emprestado.

Meu esposo me disse: "Vamos orar, porque antes da imobiliária fechar às 18 horas, Deus vai mandar o recurso que precisamos". Eu pensei: "esse homem está ficando doido! Como assim, Deus vai mandar o dinheiro? Como isso é possível?". Meu marido passou o dia orando tranquilamente, até fez eu contar todas as moedas que eu tinha para ver se alcançava o valor, mas não, não deu. Confesso que fiquei bem aflita, pois justamente seria uma vergonha para mim, pois minha tia era uma das proprietárias da imobiliária.

Então, me lembro que já era 17h30 e tocou a campainha da minha casa, era Diego, um amigo que morava bem longe, o qual não víamos com frequência. Ele então falou: "Estava trabalhando e Deus me incomodou para trazer um dinheiro para vocês e me disse que tinha que ser antes das 18h. Ele também me falou o valor: R$ 550!". Pasmem, era exatamente o valor do meu aluguel! Quase não pude acreditar, meu marido pegou o carro e correu para imobiliária para pagar o aluguel!

O que aprendi com isso?

[ ] Deus usa pessoas;
[ ] Deus não deixa seu nome ser envergonhado;
[ ] O que Ele aponta, Ele paga a conta;

Como já era missionário há alguns anos, meu marido falava assim: "Deus me chamou para viver para Ele, e quando Ele chama, Ele paga a conta!". Levei isso como um princípio para minha vida e tenho vivido esse sobrenatural há 20 anos. Mas quero deixar bem claro que esse princípio não é para missionários e pastores, apenas, essa é uma convocatória para todos os filhos de Deus! Viver na dependência d'Ele, independentemente de qualquer situação! Deus é fiel! Acredite! "Fiel é o que vos chama, o qual também o fará." (1 Tessalonicenses 5:24.)

Se você quer viver o sobrenatural de Deus, você precisa reconhecer que é limitado. Deus ama quando você diz que algo não é possível, pois Ele é o Deus das causas impossíveis. Somos seres limitados, mas o nosso Deus é um Deus sem limites, um Deus abundante. Aqui eu quero te dar a principal chave para se viver o sobrenatural: **a oração**.

"Elias era homem sujeito às mesmas paixões que nós e, orando, pediu que não chovesse e, por três anos e seis meses, não choveu sobre a terra. E orou outra vez, e o céu deu chuva, e a terra produziu o seu fruto." (Tiago 5:17-18).

Ter fé é andar na dimensão espiritual pela qual o Senhor se agrada, afinal, "sem fé é impossível agradar a Deus" (Hebreus 11:6). Como o próprio versículo diz, há uma promessa para aqueles que o buscam.

Em meio ao caos que Elias vivia em Israel, dominado por Jesabel, ele se levantou com fé, ele creu somente em Deus. É sobre isso, meus caros leitores. É sobre crer somente em Deus, nosso Pai Celestial. Eu quero te fazer refletir e que você possa se lembrar: Quantas vezes você orou sobre coisas e situações em que você viu o sobrenatural de Deus?

Eu me lembro quando eu recebi o diagnóstico de TEA (Transtorno do Espectro Autista) do meu filho mais novo, ele tinha 1 ano e 8 meses, não falava nenhuma palavra e não fazia nenhum som. Meu coração clamava por ouvir a palavra mais simples: "Mamãe!". Enquanto aguardava ansiosamente por esse dia, eu orava e declarava todos os dias: "Senhor meu filho se chama Gabriel (o mensageiro) e eu oro para que ele fale, e eu não vou desistir nem perder minha fé!". Eu sempre declarei com palavras o destino profético dos meus filhos. Foi o Senhor que me deu o nome do Gabriel, esse nome tem um significado que é Homem de Deus, mensageiro de Deus, eu sei que ele tem uma mensagem para essa geração, então destrava a fala dele.

Foi quando aos 2 anos e meio, quase um ano depois, ele me chama de mamãe! Não posso mensurar a minha alegria, logo vieram outras palavras, como papai! Para a nossa alegria! Mas ainda era pouco eu continuei rompendo em oração e levando ele nas terapias. Quando no primeiro dia do ano de 2023, meu filho acorda cantando: "Três palavrinhas só, eu aprendi de cor, Deus é amor, tra-lá-lá-lá-lá-lá lá".

Agradeci a Deus e ficou muito claro para nós que a mensagem é: Deus é amor! Esse foi um grande sinal que esse seria o ano de viver o sobrenatural de Deus! E assim tenho vivido a cada dia, na fé e na esperança de que veremos ainda mais esse milagre por completo! Se você se encontra na mesma situação em que eu estava, não se desespere, continuei acreditando e declarando, orando e agindo!

Deus vai operar milagres em meio ao seu caos, Ele vai tornar sua bagunça em um lindo milagre. Você crê? Quero deixar aqui um espaço para que possa escrever os feitos do Senhor em sua vida e também aquilo que Ele irá fazer:

____

____

____

____

____

Pessoas que buscam a Deus são íntimas d'Ele, Elias era um dos íntimos de Deus! Você pode ser considerado um íntimo de Deus? Você tem passado tempo meditando nas Escrituras? Você tem confiado n'Ele?

"*Em ti confiarão os que conhecem o teu nome; porque tu, Senhor, nunca desamparaste os que te buscam.*" (Salmos 9:10).

Faça uma oração comigo:

"Obrigada, Deus, por nunca ter me desamparado, ainda que por vezes eu não tenha visto, pois estava cega espiritualmente, mas o Senhor estava operando milagres extraordinários. Eu confio em Ti, Pai, e sei que no seu tempo perfeito tudo vai dar certo. Em nome de Jesus, amém."

Agradecimentos

Agradeço a Deus por ter me ajudado a escrever esse capítulo e me inspirado nas madrugadas. Agradeço ao meu marido Lúcio de Paula, por ser meu maior investidor. Às minhas irmãs da Love Church Global, que intercederam por mim nesse período. Aos meus filhos, por serem minha energia diária, a minha mãe Terezinha por seu amor e dedicação a mim.

"*Dando graças constantemente a Deus Pai por todas as coisas, em nome de nosso Senhor Jesus Cristo.*" (Efésios 5:20)

“Deus não fala nada que Ele não vá cumprir.”

Cacau de Paula

DANI MAURÍCIO LIMA

Diretor e sócio da empresa Danny Mauricio Consultoria Imobiliária. Corretor de imóveis, gestor de negócios imobiliários, *Marketing Business-innovation.*

Corretor, coach, formação internacional Coaching Integral Sistêmico. Formação *Líder Training*, técnico em Transação Imobiliária, coautor do livro *Corretor Coach e Mindset Empreendedor Novo Normal*; formação na área do mercado imobiliário, além de formação técnica em mecatrônica. Ex-piloto do Campo de Provas Cruz Alta da General Motors do Brasil.

Bacharel em Educação Física, modelo e ator de *casting*. Ex-militar das Forças Armadas (Exército Brasileiro / Força Aérea Brasileira). Atleta amador de tênis e aspirante a teólogo pelo Instituto Reformado de São Paulo.

danny_consultoria_imobiliaria / venhaparaindaiatuba / dani_mauricio.oficial

+55 (19) 99945-7184 / +55 (19) 99650-7184

Dani Mauricio / dannyimoveis

dannyimoveis@outlook.com

www.dannyimoveis.com.br

08 UMA VIDA, UM CHAMADO

Por Dani Maurício de Lima

Viva seu propósito! Quando temos fé e força de vontade, os resultados daquilo que fazemos superam nossas expectativas e Deus age na vida dos que creem.

"Antes de eu formar você no ventre da sua mãe, já o conhecia. Antes de você nascer, Eu o escolhi para ser um profeta para as nações." (Jeremias 1:5)

"Os Verdadeiros adoradores adorarão o Pai em Espírito e em verdade." (João 4:23)

Quero relatar aqui a minha primeira experiência sobrenatural com Deus, escrita por minha mãe, Alicia Martin:

"Dani Maurício de Lima, nascido em 06/01/1982. Após uma pequena cirurgia, o pequeno Dani, com apenas dois meses de vida, começou a ficar febril (no período da noite, do mesmo dia da cirurgia). Em um determinado momento, entre um choro e a respiração super alterada, o pequeno Dani parou de respirar; em meio ao desespero, eu estava sozinha, com apenas 22 anos, senti que nesse momento eu poderia perder o meu filho. Percebi que ele já não estava respirando, clamei por Deus e fui guiada por Jesus. Nesse momento, ele voltou a respirar, então estiquei meus braços com meu filho no colo e entreguei sua vida TOTALMENTE a JESUS CRISTO, pois acreditei que ELE é e sempre será o meu único salvador, AMÉM!

Somente no último dia, o Dr. Renan confessou que ele também depositou todas as suas expectativas em Deus, pois o coraçãozinho do pequeno Dani (ele não sabia explicar como) batia mais de 210 bpm quando cheguei em seu consultório. Nesse momento, ele teve a certeza de que só uma força maior (Deus), a fé e um amor tão grande como de uma mãe poderiam reverter aquele quadro."

"O Senhor é meu pastor; nada me faltará." (Salmos 23:1)

"O propósito de Deus é um mistério. A palavra nos ensina que as coisas que os olhos não viram e que os ouvidos não ouviram, são aquelas que DEUS preparou para nós" (1Coríntios 2:9). É notório aos que buscam a face de Deus a compreensão da importância de dizerem "sim" ao chamado e ao compromisso de serem mensageiros das Boas-Novas.

"Se você confessar com a sua boca que Jesus é o Senhor e crer em seu coração que Deus o ressuscitou dentre os mortos, será salvo. Pois com o coração se crê para justiça, e com a boca se confessa para salvação." (Romanos 10:9-10)

Hoje, eu consigo compreender as diferentes áreas que Deus me levou para aprender e me deixar ser ministrado pelo poder e ação do Espírito Santo de Deus. Tive oportunidade de falar e pregar as boas-novas para vários amigos nas empresas onde trabalhei, foram tantas experiências que daria um livro.

Tive um encontro com Deus em cada missão que fui executar enquanto militar das Forças Armadas Brasileira; momentos de solidão e silêncio, vazio e escuro, onde só pude ser preenchido e ter respostas da alma, em cada situação, através das minhas orações e leitura da palavra de Deus, com uma pequena Bíblia que levava comigo sempre e a tenho até hoje. Tenho convicção de que a revelação da Palavra de Deus é, sem dúvida alguma, o manual pra nossas vidas!

Quando estive na televisão, testemunhei grandes experiências vividas e reveladas por Deus ao meu coração; por um breve período da minha vida até achei que seria um artista profissional, modelo e ator, estava com algumas campanhas publicitárias em evidência e sendo convidado para grandes eventos com celebridades. Quando estava lá com grandes pessoas famosas, ainda que um pouco distante, notei que a grande maioria das pessoas era infeliz e distante de ter uma vida saudável e estável.

Sendo assim, eu recorria à Palavra de Deus ao voltar para minha casa, após os eventos, e meu coração era preenchido. O vazio das pessoas que até expressavam sorrisos e aparentavam ser felizes, no fundo tinham o olhar triste e palavras vazias jogadas ao vento, o que mostrava a escuridão de cada uma delas. Com a graça de Deus, falei do seu amor e perdão para alguns diretores, cineastas, atores e atrizes, e creio que algumas sementes foram plantadas e o fruto provém do Senhor para cada pessoa.

Sempre tive uma relação com o esporte, não é à toa que sou Bacharel em Educação Física. Meu sonho desde pequeno até meus 20 anos era ser jogador profissional de futebol/futsal. Meu Deus! Quantas frustrações, quantas decepções, quantas tristezas e indignação em forma de aprendizado o esporte me tratou, principalmente o ambiente do futebol, os bastidores e a grande verdade do que é esse esporte, certamente não vemos e não sabemos quando assistimos aos jogos pela televisão. O que fica de lição em meu coração é que nada é por acaso.

Venho de família humilde, nunca passamos fome, porém sempre tivemos limitações em casa com meus pais e irmãos, e hoje, como não me tornei jogador de futebol, sei que a infância difícil e com privações não é exclusiva somente para os jogadores ou ex-jogadores de futebol. A vida dura e cruel é pra todos os que jogam o jogo da vida!!! Minha vida sempre teve momentos de altos e baixos, mas todas as vezes que as coisas ficaram pesadas e sem saída, era devido ao meu nível baixo de frequência em comunhão com Deus.

Hoje, sou empresário com uma microempresa na cidade de Indaiatuba/SP, sou gestor e sócio corretor de imóveis, tenho vivido o sobrenatural de Deus, sou grato a Ele pela minha principal atividade remunerada. Logo, as pessoas perguntam se sou rico (risos), é claro que sempre de bom humor eu respondo que sim, rico em Deus. VIVER O SOBRENATURAL DE DEUS certamente não são os dígitos da conta bancária, bens materiais, e sim ter a clareza e o entendimento de que Deus existe, provando os seus milagres e tendo a convicção de que o nosso Criador não nos deixa ter falta de nada.

Em cada momento importante da minha vida, com meus filhos, esposa e com meus familiares, tenho um grande testemunho da mão de Deus a me guiar; tem sido assim em meu casamento com minha esposa Monique, a chegada dos meus filhos Pedro Lucca e João Eduardo, a provisão para realizar cada detalhe, cada conquista e cada sonho realizado; sem a presença de DEUS, com sua infinita graça e misericórdia nada seria possível.

Atualmente, tenho a clareza e entendimento do meu chamado e altivez, procuro servir a Deus e as pessoas com verdade, justiça, apreço e compromisso ao próximo e ao serviço.

Como empresa, sou contribuinte mensal para ajudar com providência financeira a alguns institutos, como o IAPC (Instituto de Assistência e Prevenção ao Câncer) de Indaiatuba e região, a AEDA (Associação Esperança do Amanhã) e o Instituto Amor e Vida de Campinas (amparo às pessoas com câncer). Quando as mãos se unem, a dor diminui, doar é um ato de amor! Quando nossos clientes compram imóvel comigo, certamente torna-se contribuintes para essa grande obra da corrente do bem. Seja você também um elo forte de Deus.

Agradecimentos

Agradeço primeiramente a Deus pela graça da vida, agradeço também a minha esposa, Monique Campos de Souza Lima, meu filho amado Pedro Lucca de Souza Lima, nosso campeão, escolhido de Deus, e meu segundo filho, o amado João Eduardo de Souza Lima. Família é minha base, é o motivo de buscar a superação frente a cada obstáculo.

Agradeço de forma especial aos meus pais, William de Lima e Alicia Martin; meus irmãos, Stefan Luck e Melien Malene, que sempre acreditaram e acreditam em nossos sonhos e desafios; e a todos vocês, muito obrigado pelo carinho e afeto.

Um agradecimento especial para meus sogros, Dona Neiva e Sr. Adilson (são incríveis!), e meu cunhado, Geovanne, pessoas de Deus. Agradeço a todos os familiares, próximos e distantes, pela amizade e afeto, em especial aos meus avós, um grande abraço aos familiares da Itália, família Ciampone. Um abraço também aos familiares de Joinville/SC. Saudades dos familiares da Argentina, beijo no coração dos tios, tias e primos.

Abraço especial aos parentes queridos que vivem nos Estados Unidos. Agradeço a todos os amigos de jornada, seja em qual for a etapa da vida. Se cruzamos nossas jornadas, certamente ali eu aprendi algo que me ajudou no crescimento e amadurecimento de vida!

Gratidão a cada pastor, líder espiritual que tive a honra de caminhar junto e aprender mais de Deus.

Agradeço aos meus seguidores, seja de qual for a rede social, você faz parte do meu sucesso pessoal, deixem sempre suas curtidas e seus *likes*. Os que ainda não são clientes, também. Agradeço a Editora Chave Mestra pela oportunidade e participação deste novo projeto. Desejo sucesso e vida longa nesta parceria.

O agradecimento em reserva especial vai para meus clientes, meu muito obrigado a todos vocês que confiaram e confiam em nossos serviços prestados e dedicação. Dedico esta saudação também aos futuros clientes e aos leitores deste projeto. E, assim, registro um abraço apertado a todos e lembrem-se: busquem a alta performance para vida, vale muito a pena!

"Pois nada é impossível para Deus." - (Lucas 1:37)

Você é capaz!

E disse Jesus: "Sigam-me, e eu os farei pescadores de homens." (Mateus 4:19)

"Vencer não é competir com o outro, é derrotar seus inimigos interiores." Roberto Shinyashiki

"Eu sou o Senhor, teu Deus, que te tirei da terra do Egito: Abre bem tua boca, e a encherei." (Salmos 81:10)

“Tenha fé, seja fascinado por realizar.”

Dani Maurício de Lima

DANIELI BARBOSA

Sou Danieli Rodrigues da Silva Barbosa, uma amiga de Cristo e evangelista. Também sou mãe, esposa e uma filha amada de Deus, casada com Willian Barbosa e mãe da Lara Beatriz.

Minha história é entrelaçada com a memória do meu pai, o Pastor Cicero, e da minha mãe, Maria Jesuína, assim como com os laços fraternos que compartilho com Mirian, Eliseu e Claudia (que considero como uma mãe). Com formação em Arquitetura e Urbanismo pela Universidade Anhembi Morumbi e como técnica em Edificações pelo Instituto Técnico de Barueri - ITB, sou a idealizadora e mentora do movimento "ESCOLHIDOS". Este projeto visa ajudar as pessoas a perseverarem na fé, a entenderem sua verdadeira identidade em Deus e a encontrar esperança em Cristo em seu dia a dia.

Além disso, sou a criadora e apresentadora do Podcast Escolhidos, que compartilha inspiradores testemunhos de pessoas comuns que experimentaram milagres extraordinários com Deus.

danieli.rsb

danielirsb

danieli.rsb

danieli.rsb@gmail.com.

09 A FÉ NO DEUS QUE CESSA TEMPESTADES E CRIA NOVOS CAMINHOS

Por Danieli Barbosa

Nasci em um ambiente de fé, inspirada pelo meu pai, que era pastor e sempre nos ensinou a crer, e pela minha mãe, uma mulher forte e determinada a superar obstáculos com o auxílio de Deus. Cresci imersa nessa atmosfera de fé no Deus dos meus pais. Perdi meu pai quando tinha 8 anos de idade, mas minha fé permaneceu inabalável. Passamos por muitas lutas, perdas e momentos de luto na família, porém, juntos, conquistamos muitas vitórias em Cristo.

Eu já havia experimentado alguns milagres na minha vida, mas havia chegado o momento de conhecer pessoalmente aquele que seria o "meu Deus". A partir daquele momento, Ele não seria mais apenas o Deus dos meus pais; Ele desejava se revelar a mim de forma pessoal. Confiar e descansar em meio à tempestade era um convite iminente do Senhor para a minha vida, e talvez seja um convite para a sua vida hoje também!

Certa tarde, enquanto eu aproveitava o clima ensolarado para estender roupas no varal e cantava um louvor sobre ter fé em meio à tempestade, algo surpreendente aconteceu. De repente, tudo começou a tremer dentro de mim. Senti o Espírito Santo me fazendo uma pergunta direta: "Você realmente tem fé para descansar em meio à tempestade?" No começo, hesitei, mas logo respondi: "Sim, contigo, eu tenho."

Mal terminei de responder a esse questionamento do Espírito Santo, meu esposo veio me dar a notícia de que ele havia sido desligado de uma multinacional onde trabalhava de maneira remota. Naquele momento, tudo mudou na minha vida. O que antes estava calmo se transformou em uma série de tempestades. No entanto, não fiquei abalada, pois minha fé em Deus estava fortalecida.

Passados 15 dias desde o desligamento do meu esposo, minha filha de 5 anos começou a adoecer, e sua condição não melhorava. Com visitas frequentes ao pronto-socorro, nenhum medicamento parecia surtir efeito, e a cada visita, o diagnóstico era diferente, bem como o medicamento prescrito. A febre da minha filha não cedia e só aumentava, então os médicos decidiram interná-la. Realizaram exame após exame, mas não conseguiram chegar a um diagnóstico, enquanto ela piorava a cada dia. Em meio a tudo isso, uma mãe angustiada me ligou, pois seu filho, um bebê de um ano, havia ingerido um produto químico e estava correndo sérios riscos em outro hospital. Ela me pediu orações. Coloquei minha própria dor de lado e orei por ela e pela criança, declarando a cura completa. No dia seguinte, recebi a boa notícia de que o bebê havia recebido alta do hospital.

A médica veio pela manhã e arriscou uma última tentativa, a maior dose possível daquele medicamento. Não haveria outro medicamento disponível. Então, simplesmente declarei: "Vai funcionar". Pela misericórdia divina, funcionou. Ela começou a responder ao medicamento, e a febre finalmente cedeu. Até mesmo a enfermeira ficou surpresa com a cura repentina dela. Como diz a Bíblia Sagrada em Provérbios 11:25: *"O generoso prosperará; quem dá alívio aos outros, alívio receberá"*. Minha filha se recuperou, e deixamos o hospital mesmo sem um diagnóstico fechado.

Em menos de uma semana, meu esposo adoeceu e foi internado, e não fazíamos ideia do que poderia ser, assim como aconteceu com a minha filha. Ele apenas piorava e permaneceu em isolamento total, sem poder ter contato com a família. Recebíamos notícias por telefonemas, feitos pela médica apenas uma vez por semana. Estávamos cheios de preocupação, pois não sabíamos até quando o convênio médico cobriria todos os gastos, e ele não apresentava melhora para receber alta. No entanto, confiei em Deus e fui orar.

Minha filha fez uma carta para Deus em forma de desenho e disse: "Mãe, amanhã o pai estará em casa", mesmo com o telefonema da médica dizendo que não tinha previsão de alta devido à piora considerável do quadro. Apenas acreditei e descansei no Senhor. Durante aquele momento de oração, minha filha questionou sobre o plano de salvação e redenção por meio de Cristo na cruz, e eu expliquei para ela. Ela entregou sua vida a Cristo espontaneamente. Tudo valeu a pena.

Na manhã seguinte, meu esposo chegou em casa contra todas as probabilidades, para a honra e glória do nome do Senhor Jesus, como minha filha de 5 anos havia previsto. Aparentemente, tudo iria voltar a ficar bem novamente, mas as lutas não pararam por aí. Certo dia, minha filha veio até mim e disse que era a minha vez de ficar internada. Eu não aceitei aquelas palavras, mas era um aviso. Em menos de um mês após a cura do meu esposo, comecei a adoecer. Senti dores abdominais terríveis, mal conseguia me alimentar, tudo o que eu ingeria me fazia mal. Descobri que estava com pedras na vesícula.

Após alguns exames, me informaram que o convênio não tinha previsão de realizar a cirurgia, pois o processo era muito demorado. Minha dor só piorava. Passei por uma médica que disse que eu cairia nas mãos de qualquer médico de plantão, pois, para ser atendida por um bom médico, só conseguiria por meio de agendamento, o que era demorado e difícil pelo convênio. Já não suportava mais a intensa dor, mal conseguia me alimentar e não conseguia dormir. As madrugadas pareciam intermináveis.

Eram tantas idas e vindas ao hospital que decidi me levantar em fé e declarei que iria ser operada ainda naquela mesma semana. Coloquei no meu coração que até a próxima sexta-feira estaria internada para a cirurgia. Como a mulher do fluxo de sangue na Bíblia, disse a mim mesma: "Vou romper em fé". Tomei uma atitude de fé, comecei a arrumar as coisas e declarei que faria a cirurgia. Na sexta-feira, me arrumei como se a cirurgia já estivesse agendada no hospital. Eu estava realmente muito mal, sentindo que poderia morrer. Passava as madrugadas em claro devido à intensa dor. Me preparei e corri para a emergência, pedindo um sinal: se a sala de emergência estivesse vazia, o Senhor me operaria e tudo daria certo. Dito e feito, a sala estava vazia.

Fui atendida e constataram que eu já estava com uma infecção no sangue bastante avançada. Fui internada imediatamente, medicada e preparada para a cirurgia. Entretanto, durante a madrugada, o convênio negou a cobertura e solicitou minha transferência para outro hospital. Eu não aceitei. Determinei em meu coração que seria operada ali.

Orei a Deus e acreditei que o Senhor abriria um caminho para mim, um caminho de vitória. Retiraram todas as medicações e o soro que estava no meu braço, arrancaram a pulseirinha de identificação e me deixaram em um canto, numa cama, sem assistência alguma, porque o convênio não cobriria mais nada. Lembrei da passagem de Atos dos Apóstolos sobre Pedro, que, ao ser condenado à prisão, em vez de se preocupar, foi dormir. Usei mais uma vez a fé e disse ao meu esposo: "Vamos dormir e descansar no Senhor, porque Deus vai abrir um caminho para nós".

No outro dia, logo pela manhã, fui acordada pela enfermeira trazendo de volta todos os medicamentos e me preparando para a cirurgia. No mesmo momento, chegou o rapaz da administração do hospital com toda a papelada da internação, com uma cara de assustado, dizendo que isso nunca tinha acontecido: o convênio havia aceitado cobrir todos os gastos e realizar a operação. Minha cirurgia foi um sucesso, Deus esteve em cada detalhe, e, ao contrário das expectativas e especulações negativas de uma das médicas que consultei, fui operada por um especialista renomado da área.

Deus criou um caminho, preparou um hospital que aceitou o convênio e um especialista renomado que realizou a cirurgia de emergência. Certamente, era a mão de Deus na minha vida. Não acredito em coincidência, e sim em "Cristoincidência", pois tudo está no controle de Cristo.

Eu vivi o sobrenatural de Deus e hoje posso compartilhar com você esse testemunho e dizer: "*Sabemos que todas as coisas cooperam para o bem daqueles que amam a Deus, daqueles que são chamados segundo o seu propósito*" (Romanos 8:28). Tudo o que você está enfrentando está moldando você para um grande propósito. Portanto, suporte o processo com Jesus, exercite sua fé, confie Nele e creia, mesmo diante de todas as perspectivas negativas ao seu redor. Você também experimentará o milagre e o cuidado do Senhor. Levante-se e declare sobre a sua vida, sua casa e sua família as palavras de Deus, pois está escrito: "*Disse-me o SENHOR: Viste bem, porque eu velo sobre a minha palavra para a cumprir*" (Jeremias 1:12).

Quando Deus não nos concede um milagre instantâneo, Ele nos concede autoridade. Quando você supera um processo, você se torna capacitado a viver e inspirar os outros a experimentarem também o sobrenatural de

Deus. Em meio à prova, fui capacitada e aprendi a confiar. Esse aprendizado gerou em mim o desejo de auxiliar as pessoas, e assim nasceu o movimento "Escolhidos". Inicialmente, criei o "Podcast Escolhidos", no qual compartilhamos testemunhos de vida de pessoas comuns que venceram obstáculos e tempestades, vivenciaram o sobrenatural de Deus e foram conduzidas pela fé à calmaria. Você pode ser o próximo a compartilhar o seu testemunho no podcast.

Com o crescimento do movimento, senti a necessidade de utilizar todas as minhas redes sociais para compartilhar ferramentas que ajudam as pessoas a manterem a fé e a esperança vivas no seu dia a dia. Mesmo durante as tempestades da vida, é importante não desanimar, mas sim crer que sempre existe uma saída. Quero conscientizar as pessoas de que cada uma delas é um escolhido. Como diz no evangelho de João 15:16-17: *"Não me escolhestes vós a mim, mas eu vos escolhi a vós, e vos nomeei, para que vades e deis fruto, e o vosso fruto permaneça; a fim de que tudo quanto em meu nome pedirdes ao Pai ele vo-lo conceda. Isto vos mando: Que vos ameis uns aos outros".*

Tudo se resume a quem nos escolheu, o Amor que nos amou. Portanto, entregue tudo a Ele e confie.

Caro leitor, aceite o convite do Senhor para passar pelo processo, pois isso resultará em um belo testemunho, curando suas feridas e dores, e fornecendo um remédio para muitos outros. Leia 2 Coríntios 4:17.

"O meu Deus é criador de caminhos."

Danieli Barbosa

PRA. DANIELLA MAGALHÃES

Meu nome é Daniella, natural de Feira de Santana, Bahia, onde resido atualmente com a minha amada família: meu esposo Carlos Roberto, com quem sou casada há 11 anos, e meu filho, Anthony Samuel.

Sou filha de Antônio Magalhães e Fátima Magalhães, ambos pastores; e tenho duas lindas irmãs, Alyne e Tamires.

Formada em Teologia, sou pastora da Igreja Hosana/BA há 16 anos. Também trabalho como psicóloga em clínica atendendo pessoas de diversos países há 12 anos. Tenho especialização em Neuropsicologia e atuo como mentora e supervisora.

pra.dani.psi

+55 (75) 99198-9642

psi.teo@hotmail.com

10 CICATRIZES QUE CURAM

Pra. Daniella Magalhães

A fé para mim sempre foi algo muito familiar. Sou grata ao Senhor por ter a oportunidade de servi-Lo, pois sempre vi pessoas arrependidas por não terem aceitado a Jesus mais cedo. Porém, eu fazia a seguinte oração: "Senhor, leio e estudo a Tua Palavra. Eu Te busco, mas sinto falta de algo. Todos têm experiências com o Senhor e, eu não. Eu quero viver isso! Eu preciso de experiências contigo. Amém!". O que eu não sabia é que, logo após aquela oração, um *start* tinha sido dado em minha vida.

Me casei em 2012 e estávamos vivendo um lindo tempo servindo ao Senhor. Com 4 anos de casados, começamos a tentar engravidar. Como não estávamos conseguindo, fui submetida a procedimentos invasivos e dolorosos. Não havia histórico de infertilidade em nossas famílias, então acreditávamos que poderia ser uma questão mais simples. Nunca fui de chorar ou me derramar pedindo algo ao Senhor, mas essa situação me levou a ter algumas experiências. Parecia que eu estava gerando na alma. Neste processo, entendi o que Ana sentiu quando pedia ao Senhor um filho. Recorremos à medicina, mas nossa fé se movia no que Deus podia fazer em nosso favor. Não queríamos errar (leia 2 Crônicas 16:12).

Sempre que meu pai me via, lia o texto de Êxodo 23, dando uma grande ênfase ao versículo 26. A bênção dos pais é muito importante e, hoje em dia, o número de pessoas que pede a bênção aos pais é muito pequena. Costumo dizer que tudo que tenho hoje é fruto também dessa bênção, tanto da minha parte quanto da parte do meu esposo.

Depois de todos os exames prontos, oramos e sentimos a direção de procurar pelo meu cunhado que tem formação em Medicina. Mesmo não atuando diretamente nessa área, foi uma pessoa muito importante durante todo o processo. Foi um tempo muito difícil, mas Deus proveu tudo.

Quando estamos passando por um momento de enfermidade, queremos a ação de Jeová Rafah imediatamente em nossas vidas, e o que muitas vezes não compreendemos é que precisamos de Jeová Jireh, para nos prover recursos, e Jeová Nissi, para nos dar a vitória completa! Aleluia!

Os médicos chegaram à conclusão que eu necessitaria de um tratamento. Recorremos, então, à inseminação. Começamos uma nova etapa de constantes exames e uso de hormônios, sem contar que isso tudo me trouxe uma desestabilização emocional muito grande. Era como se eu vivesse na menopausa o tempo todo. A inseminação foi realizada e, após os exames, veio o resultado negativo. Liguei para o especialista e falei sobre a minha situação, e ele orientou que tentássemos novamente. Na consulta seguinte, fui tomada por uma revolta tão grande que entrei naquela sala fria e, antes que ele falasse qualquer coisa, comecei a falar desesperadamente, e só tive noção do que eu estava fazendo quando minha mãe me interrompeu dizendo: "Calma, Dani, ele não tem culpa. Confie em Deus". E ele reclinou sobre sua cadeira e, olhando para mim, disse: "Mãe, pode deixar, ela precisa falar". Falei que não iria mais realizar inseminação. Ele me olhou e disse: "Você vai fazer sim e vai dar certo". Então, repetimos o procedimento e a paz que excede todo o entendimento tinha invadido novamente a minha alma. O médico se despediu de mim dizendo: "Parabéns! Aguardo sua ligação com o resultado positivo". Meu Deus! Saí de lá me sentindo grávida.

Dias depois, fui tomada por um enjoo terrível, ali já era um sinal. Realizamos o teste e, horas depois, acessei o resultado e vi o nome REAGENTE! Parecia que eu estava no céu, de tanta alegria. Foi sobrenatural! Liguei para o médico e falei: "Doutor, deu certo! Estou grávida!". Chegando ao 4º mês de gravidez, senti fortes dores. O diagnóstico era um rim cheio de pedras. Meu cunhado viabilizou todo o acompanhamento e a conclusão foi que eu precisaria usar um cateter, porém, qual médico iria arriscar fazer uma cirurgia às cegas em uma gestante? Morfina e Nubain faziam parte da minha rotina. Oramos e pedimos que Deus levantasse um médico corajoso. Meu cunhado chegou com a notícia de que tinha conseguido e o procedimento seria realizado. Chegando na Emergência, o médico tentou ser o mais amável possível na explicação de tal procedimento e sobre o risco de entrar com o bebê e sair sem ele. Naquele momento, eu abracei a minha barriga e disse: "Doutor, você não tem noção do que eu passei para chegar até aqui, eu não vou perder o meu bebê".

Quando acordei, a primeira coisa que fiz foi passar a mão na barriga e, para a glória de Deus e nossa alegria, nosso bebê estava lá. Aleluia! Algumas semanas depois, descobriram que o cateter havia entupido e precisaria ser trocado. Faltavam 4 meses para o parto, e conviver com dor renal intensa até lá, eu aparentemente não aguentaria. De qualquer maneira, o cateter foi trocado novamente.

À medida que os dias passavam, ter um bebê crescendo, chutando e dividindo o espaço com um cateter não era nada fácil, mas ainda assim eu estava feliz. Em um determinado congresso que participei, fiz uma oração ao Senhor pedindo um sinal. Uma gota de água caiu na minha testa. Olhei para o teto daquela igreja e não havia vazamento algum. Senti pingar mais uma vez e foi o suficiente para trazer um refrigério para a minha alma. Cutuquei meu esposo e uma pessoa que estava ao meu lado e perguntei se eles tinham sentido alguma coisa, e nada. Sabe o que aprendi naquele momento? Que podemos estar no mesmo ambiente, mas Deus vai trabalhar de formas diferentes, de acordo com a fé e a necessidade de cada um.

Pedi um outro sinal: "Se o Senhor está comigo, faça com que o pregador desça do altar e toque na minha barriga". O jovem pregador desceu durante a mensagem e tocou na minha barriga. Que refrigério, meu Deus!

Na madrugada, senti dores terríveis, levantei e espalhei polpas de frutas pelo sofá e me deitei por cima com aquele barrigão de quase 9 meses na tentativa de aliviar as dores. Acabei indo para o hospital, pois estava tão cansada que falei para o Senhor: "Estou no meu limite." Nesse mesmo dia, meu cunhado viabilizou para que o parto fosse realizado. Fui para o centro cirúrgico e percebi que já tinha uma equipe à minha espera; o que eu não sabia é que a tão temida anestesia raquidiana seria um problema para mim. Levei oito aplicações, e a anestesia "pegou" só na oitava vez.

Tudo precisava ser muito rápido, porque se o efeito da morfina passasse, eu viraria o "Hulk" e seria impossível realizar o parto. Durante o procedimento cirúrgico, a equipe se comunicava, porém, em dado momento, um silêncio tomou aquela sala, pois meu bebê tinha várias voltas do cordão umbilical no pescoço. Logo após o nascimento, acabei tendo hemorragia, situação que me levou a receber algumas bolsas de sangue. O bebê nasceu saudável, apesar de todas as medicações utilizadas. Aleluia! Vivemos o sobrenatural!

Após 2 anos, comecei a sentir algo estranho. Fui diagnosticada com câncer na tireoide. Mais uma vez, minha mente foi bombardeada com muitos pensamentos e questionamentos. Em momentos de guerra, precisamos estar firmados na Palavra; não é à toa que o capacete faz parte da armadura da fé.

Lembro que meu esposo falava para mim: "Não acredite nesse diagnóstico". Mas, como não acreditar, se foi atestado pela ciência? O que eu não entendia é que, quando ele falava daquela forma, não queria dizer que eu não estava doente, mas que aquela doença não me mataria. Passei pela cirurgia e descobri que a tireoide já estava necrosada, ou seja, se demorasse mais um pouco, poderia ser fatal. Vivi mais uma vez o sobrenatural de Deus.

Quase um ano depois, comecei a sentir uma forte dor lombar. Fui diagnosticada com câncer no rim. Meu mundo desabou. Eu só conseguia pensar: "Como assim? O Senhor me permitiu ter um filho com tanta luta, venci um câncer na tireoide e agora isso?". Quando falava com meu esposo e minha família, eles tentavam me manter de pé. Eu chorava durante horas no banheiro. Aliás, se meu banheiro e meu travesseiro falassem, poderiam testemunhar minha angústia.

Meu cunhado me encaminhou para um excelente profissional em Salvador. Mas, ao longo da caminhada, havia dias que eu era um poço transbordando de fé e, em outros, um poço vazio.

Quando Jesus curava os enfermos, Ele dizia: "Vai, a tua fé te salvou!" Ele não dizia: "A tua fé te curou." Quando Jesus era chamado para curar alguém, Ele não fazia orações, Ele liberava a Palavra, e isso não quer dizer que não devemos orar, mas que precisamos liberar palavras de cura.

Algo que geralmente vem à nossa mente quando somos acometidos por uma enfermidade é o pensamento de que Deus está nos castigando. Mas, pense bem, quando nosso filho erra, nós não lançamos enfermidade sobre ele, não é mesmo?

Em 2 Reis 20:1-5, a Bíblia mostra que o rei Ezequias também teve um diagnóstico mortal, no entanto, após uma palavra profética, ele recebeu a cura. Uma coisa eu tinha certeza, tudo o que eu estava passando não me permitiria viver um Evangelho raso.

Como mulher, outra coisa que me preocupava eram as cicatrizes que essas lutas estavam deixando em mim. Com amor, o Senhor trabalhou em meu coração e falou para eu não me preocupar, porque minhas cicatrizes contam que eu venci!

Fui a uma consulta com a anestesista e pedi para refazer os exames, pois eu cria na cura. Ela friamente respondeu que achava muito bonita a minha fé, mas que Jesus não faz milagres todos os dias, por isso, eu deveria guardar minha fé para o pós-operatório, que aí sim, eu iria precisar. Sai de lá sem chão.

A cirurgia foi realizada e aguardamos o resultado da biópsia. Quando saiu, mandei para meu cunhado e irmã, que também é da área, e ele me liga dizendo: "Dani, você pode ficar de joelhos onde você está?". Eu disse que sim, e ele logo respondeu: "Pois então fique de joelhos, porque você está curada!". Levamos o resultado para o cirurgião e ele declarou que, mesmo com muitos anos de experiência, estava surpreso com o resultado. Aleluia! Novamente, vivemos o sobrenatural.

Sozinhos ou separados, não conseguimos lidar com as lutas e os ataques. Digo isso porque as pessoas que estavam próximas a mim foram indispensáveis para que eu prosseguisse na caminhada. Isso não quer dizer que eu estava sempre bem, porém, mesmo triste e cansada, Deus usava pessoas para me lembrar que eu suportaria dar um passo a mais. O que seria de mim sem o Espírito Santo, minha família, minha Igreja Hosana e amigos? Com a ajuda deles, posso declarar que vivi o sobrenatural de Deus.

"Você não compreende agora o que estou fazendo a você; mais tarde, porém, entenderá." (João 13:7)

“Minhas cicatrizes contam que eu venci!”

Pra. Daniella Magalhães

MISS. ELAINE ALCANTARA

Meu nome é Elaine Alcantara Mortari, residente no interior de São Paulo, ao lado do meu lindo esposo, Dr. Antônio Mortari. Estamos casados há 20 anos e temos dois filhos, Paulo e Lorena.

Sou Missionária e levo a Palavra de Deus principalmente às mulheres, ministrando cura nos corações feridos. Sou escritora, levita e pregadora e dedico meu tempo a cuidar, amar e direcionar mulheres em todo o mundo. Também sou veterena da RC Adademia da Mulher e realizo transmissões ao vivo com devocionais que compartilham uma palavra simples e encorajadora.

Atualmente, estou cursando Psicanálise Clínica no Instituto Fazendo a Diferença.

misselainealcantara

+55 (11) 94359-7800

Missionária Elaine Alcantara

misselainealcantara

11 O PODER DO POSICIONAMENTO

Por Miss. Elaine Alcantara

A palavra "posicionamento" possui vários sinônimos, como "disposição", "colocação" e "instalação". Ela está relacionada a se colocar no lugar apropriado. Portanto, encontramos registros na Bíblia de muitas histórias inspiradoras de mulheres que decidiram se posicionar em cenários de dor, escassez e abandono. Essas mulheres não dependiam de avisos ou de outras pessoas para que pudessem se colocar na posição necessária; elas foram simplesmente direcionadas por uma força maior que as guiava, que era Deus.

Mulheres como a órfã Ester, a moabita Rute, a mãe Joquebede e a inspiradora juíza Débora se posicionaram diante das adversidades de suas vidas. Foi ao se posicionar que elas encontraram o poder para superar seus medos e romper as impossibilidades que carregavam em suas próprias histórias.

Qual área da sua vida precisa de posicionamento? Pode ser na esfera familiar, espiritual, em relação a um relacionamento abusivo, liderança ou até mesmo amizades controladoras. Em vários momentos da minha vida, senti a necessidade de me posicionar. Um desses momentos ocorreu quando me tornei pregadora do evangelho. Comecei a pedir ao Espírito Santo que me orientasse ao escolher minhas roupas para ir à igreja ou a qualquer outro lugar.

Antes disso, eu usava roupas decotadas e justas, e não me sentia desconfortável. Cantava no altar da igreja com roupas apertadas. No entanto, um dia o Espírito Santo me repreendeu e me mostrou que não eram vestes apropriadas para uma mulher de Deus. Saí da igreja naquele dia triste, e o Espírito Santo ecoou forte dentro de mim: "Mude suas vestes".

A partir desse momento, comecei a repaginar meu guarda-roupa, optando por roupas mais elegantes e confortáveis.

Esse foi um dos momentos em que me posicionei, e a partir dessa mudança na minha vida, Deus começou a me transformar como esposa, mãe, filha, amiga e, principalmente, como serva do Senhor Jesus. Hoje, as pessoas me procuram em busca de orientação sobre suas vestimentas, e até aquelas que não me conhecem pessoalmente enviam mensagens dizendo que me consideram uma referência quando se trata de vestes apropriadas. Qualquer posicionamento, por menor que seja, certamente irá gerar frutos e automaticamente pessoas serão alcançadas.

Todo posicionamento envolve renúncia e a escolha de mudar. É deixar de fazer aquilo que Deus não aprova, para que possamos contemplar os planos Dele para nossas vidas. Portanto, para se posicionar, é necessário dizer alguns "nãos", levantar-se de certas mesas, deixar de seguir algumas pessoas e evitar frequentar lugares que não edificam sua vida. É preciso também mudar posturas e comportamentos.

Costumo dizer que onde Jesus entra, as coisas mudam de lugar. Quando Ele deseja nos posicionar, é porque tem algo melhor para nós. Portanto, quando Jesus pedir que você entregue algo, seja relacionado a lugares, amizades, vícios, vontades ou desejos, saiba que Ele está dizendo: "Entregue-me isso, porque tenho algo melhor para você". Você consegue compreender o poder que é gerado por meio dessas mudanças de posicionamento?

Diante do medo e da frustração, muitas vezes desejamos desistir, mas Deus sempre tem uma nova direção para aqueles que se posicionam, para aqueles que enfrentam as dificuldades e não olham para trás. Em certa ocasião, também precisei me posicionar durante uma mudança de cidade, quando meu esposo foi alvo de um atentado e, graças a Deus, ele sobreviveu a dez tiros. Após esse episódio, tive que aceitar a mudança de um estado para outro.

O que desejo compartilhar com você aqui é algo que eu praticava sem perceber: eu era uma mulher amarga, rixosa, inquieta, desconfiada e mal-humorada. Tinha uma ferida interior e, quando tudo aconteceu, me vi sozinha com meus filhos e meu esposo. Durante esse período de transição, percebi o quanto fui abençoada, mas não demonstrava gratidão a Deus. Possuía muitas coisas, mas meu coração era ingrato. Diante de tantas perdas, tomei a decisão de não ser mais uma mulher rixosa e murmuradora. Decidi afastar-me do caminho da amargura e mudar minha mente por meio da Palavra do Senhor.

Conforme está escrito em Romanos 12.2: "*Não se amoldem ao padrão deste mundo, mas transformem-se pela renovação da sua mente, para que sejam capazes de experimentar e comprovar a boa, agradável e perfeita vontade de Deus*". Qual é a vontade de Deus para as nossas vidas? É simples: que tudo o que venhamos a fazer, seja para a honra e glória de Deus. Para que isso aconteça, é necessário se posicionar diante daquele que tudo faz e estar preparado para enfrentar desafios, opositores de todos os lados e, por vezes, caminhar na contramão, pois aqueles que se posicionam no reino do Senhor serão perseguidos. No entanto, não tenha medo, pois maior é aquele que está com você.

Não importa em que cenário da sua vida você esteja neste exato momento. Quem sabe você abriu este livro sem muitas expectativas, e acredite, pode ser que Deus mesmo tenha te guiado até aqui. Quero que saiba que não importa o quanto será exigido de você para dar o primeiro passo. Escute, estou aqui para te encorajar a se POSICIONAR. Convido você a segurar a mão do Pai, que sempre esteve ao seu lado, nunca te abandonou, e hoje te convida a elevar seu nível de vida.

Abandone as reclamações, as murmurações, o medo, e comece a subir um degrau de cada vez. Convido você a ter a disposição para a mudança. Nem todas as pessoas conseguem sucesso ao se posicionar; algumas param no meio do caminho. Começam bem, mas ao longo da jornada enfraquecem diante das frustrações da vida e desistem de seguir uma vida de posicionamento. Muitas pessoas abandonam a vida com Jesus, e muitas delas não conseguem permanecer no caminho da graça ou do Evangelho. O que diferencia alguém que se posiciona daqueles que desistem de se posicionar é a capacidade de crer, persistir e buscar o entendimento de que Deus não quer que você viva aprisionado, mas em liberdade.

Você é livre, querido leitor. Deus nunca deixou de ser o seu Pai, mesmo quando você fugiu por medo e aflição. Esteja preparado para viver coisas novas, esteja pronto para ouvir histórias de pessoas que, através de você, encontraram o caminho do qual tinham se perdido. Esteja pronto para ser um canal de bênçãos para outras vidas e, o mais importante, para deixar um legado de persistência e frutos valiosos para as gerações futuras.

Não tente voltar atrás. Seu maior desafio após essa leitura é se firmar como uma pessoa posicionada e não ser manipulada. Lembre-se da história de Abigail, em que o cenário era de morte, e ela tinha apenas duas opções: ficar em casa, abraçada à sua família, esperando a morte chegar, que já estava a caminho devido à ingratidão de seu esposo Nabal e à sua ignorância quanto às consequências de suas palavras; ou se posicionar e sair em defesa de sua vida e de todos em sua casa.

A atitude de Abigail nos momentos seguintes foi a chave que mudou o curso de sua vida e o destino de toda uma geração. Ela simplesmente se posicionou no lugar da culpa, reconhecendo um erro que não era seu, mas que era necessário para salvar outras vidas. Esse posicionamento foi determinante para que o ungido de Deus, Davi, tivesse compaixão e interrompesse a operação de matança planejada para toda a casa de Abigail (1 Samuel 25).

Agora, reflita sobre o seu próprio posicionamento diante de situações difíceis, seja no trabalho, em casa, no casamento, no ministério ou na sua vida pessoal. Imagine uma crise em seu casamento, onde você tem várias reclamações contra seu marido e não consegue se conter, despejando sobre ele todos os seus defeitos, indo além ao buscar todos os erros dele desde que o conheceu, tudo isso em um tom de voz elevado.

Primeiramente, lembre-se de Provérbios 21:19, que diz que é melhor viver só do que com uma esposa briguenta que só sabe reclamar. Muitas vezes, como mulheres, nos colocamos no papel de vítimas, nos eximimos de qualquer defeito e atribuímos todos os erros ao outro. É essencial reconhecer nossas próprias falhas, não culpar o outro e, muitas vezes, aceitar que também precisamos mudar. Eu te incentivo a iniciar essa mudança por si mesma.

Aqui está um segredo: você também tem uma série de defeitos! Sobre o tom elevado dentro de casa, a Bíblia nos diz que as palavras carregam um poderoso impacto, podendo ser como venenos lançados em forma de flechas, causando maldição (Salmo 64:3). Alguma vez você já viu alguém, após uma discussão rancorosa e ofensas, voltar agradecendo e dizendo: "Estou muito mais calmo agora que você gritou comigo" ou "Estou extremamente feliz por você ter me ofendido"? Se isso nunca aconteceu, é porque gritar e ofender não é uma estratégia eficaz. Em nome de Jesus, comece a mudar o tom da sua voz. O que você comunica não deve ser baseado em gritos e ofensas. Comece hoje a infundir amor em suas palavras, e você testemunhará a transformação de sua vida de dentro para fora, através de um simples posicionamento.

Encerro esta reflexão declarando as bênçãos do Senhor sobre a sua vida. Que nosso Deus eterno te guie por caminhos de possibilidades e que, por meio do seu posicionamento, Jesus seja refletido em você.

Lembre-se: uma pessoa que não se posiciona acaba sendo posicionada no lugar errado. Portanto, a partir de hoje, que seu grito de guerra seja: "Eu sou uma pessoa posicionada, e não manipulada".

"Uma pessoa que não se posiciona acaba sendo posicionada no lugar errado."

Miss. Elaine Alcantara

MISS. ELZA FERREIRA

Meu nome é Elza Ferreira, natural do Rio de Janeiro, resido em Saquarema, Rio de Janeiro, sou viúva do cantor Carlos Heitor e tenho 2 filhos e 4 netos.

Sou missionária e, ministro a palavra de Deus nas igrejas e dou palestras sobre intercessão. Trabalho como secretária na Petrobras há 21 anos como contratada, faço faculdade de Serviço Social na Estácio de Sá e estudo também Psicanálise na faculdade FACITE.

A minha história de sucesso não foi sempre assim, passei por vários desafios durante muitos anos e provei com minha coragem, fé e ousadia que tudo pode mudar. Tudo se transforma quando acreditamos em nós. Superei vários desafios que vivi e hoje através da minha vida eu posso ajudar outras pessoas.

Eu creio que através da minha história pessoas vão se desenvolver e evoluir em várias áreas de suas vidas.

elzaoliveiraferreira

+55 (21) 99905-2749

elzaoliveiraferreira@outlook.com

12 SUPERAÇÃO: CURADA PARA CURAR

Por Miss. Elza Ferreira

Eu nasci no ano em 25 de fevereiro de 1960 no Rio de Janeiro, para uma grande obra de Deus. Filha de Judite de Oliveira Ferreira e Francisco Drummond Ferreira, com uma família com 6 filhos, 2 homens e 4 mulheres.

Foram muitos acontecimentos na minha vida, nasci no Evangelho e, quando criança, meu pai me levava nos cultos da Igreja Pentecostal que ele frequentava. Confesso que eu gostava muito dos cultos, como criança eu me sentia bem e sempre prestava atenção e não entendia. Durante muitos anos, frequentei a igreja Batista de Moça Bonita, em Padre Miguel/RJ, com o Pr. Aderbal e a esposa Reni. Eu sempre fui ativa na igreja e participava de todos os eventos que tinha, cantava no coral, fui mensageira de Cristo, secretária na EBD, culto jovem e outros. Tempo bom, porque fiz muitos amigos maravilhosos que mantenho contato até hoje.

Na realidade, apesar de estar em todos os eventos da minha idade, eu não conhecia Deus, eu não sentia a sua presença, mas sabia da sua existência, que fazia milagres e que era um Deus grande e poderoso. E mesmo acreditando n'Ele, eu sentia que faltava algo em mim, sentia um vazio, embora estivesse sempre sorrindo. Meu coração era cheio de incertezas, faltava algo de concreto que me fizesse sentir que realmente tudo estava bem no meu espiritual, sentimental, financeiro, mas era o que eu demonstrava para as pessoas, no fundo, era um coração cheio de bagagens ruins.

Quando eu fiz 33 anos de idade, aconteceu comigo algo interessante, algo que me surpreendeu. Um belo dia, um dia antes do meu aniversário, no Rio de Janeiro, fui visitar uma amiga e chegando na casa dela conheci uma senhora que estava doente e muito triste com a situação, pois não sabia o que realmente estava acontecendo com a sua saúde. Eu lembro que eu fiz a seguinte pergunta: "O que a senhora está sentindo? Onde está doendo?". No momento que ela respondeu, eu ouvi uma palavra assustadora diferente do que ela falou; eu "tremi na base", fiquei parada olhando para aquela senhorinha, sem falar nada. Para mim, foi algo diferente, pois foi a primeira vez que ouvi a voz de Deus. Naquele momento, eu ouvi a palavra "câncer" e ela respondeu que era um problema muito sério na coluna e que precisava fazer alguns exames e talvez operar.

Senti muito medo de falar o que eu ouvi da parte Deus e você deve estar se perguntando: como eu sabia que era a voz de Deus? A minha amiga Sonia percebeu que alguma coisa estava acontecendo comigo e falou: "Diga a ela o que Deus te revelou". Fiquei assustada com aquela situação, sem saber o que fazer. Tomei coragem e revelei o que ouvi de Deus. Foi um momento para mim grandioso, porque finalmente ouvi a voz d'Ele. Foi bênção esse dia e orei por ela, para que Deus trouxesse a cura. Fiquei muito feliz com o que senti, momento muito importante.

Quando eu me despedi das irmãs para ir embora, Sonia falou assim: "Ligue amanhã às 9h para mim!", e eu respondi: "Por quê? Se amanhã é o meu aniversário, é você que deveria me ligar!" e ela respondeu: "É desse jeito!" e então, diante do que ela falou, eu me retirei. Cheguei em casa e não parei de pensar no que foi falado e achei muito estranho aquela fala.

Na madrugada do dia 24 para o 25, tive um sonho lindo: sonhei que eu estava em uma loja que brilhava muito e eu ficava maravilhada com o que via diante dos meus olhos e comecei a pegar alguns itens. Andando e olhando as prateleiras, eu peguei uma bandeja linda de prata, um cordão lindo, um anel com muitas pedras brilhantes e uma pulseira; eu fiquei maravilhada com o que estava acontecendo e fui para o caixa pagar; quando chegou a minha vez, eu não tinha o dinheiro e ia desistir das compras, mas, de repente, uma pessoa atrás de mim falou: "Pode levar que eu pago!". Diante disso, eu acordei e não voltei a dormir, porque fiquei pensando no sonho e tentando entender o que significava.

Ansiosa, aguardando amanhecer e chegar o horário combinado para ligar, fiquei sentada no sofá, apreensiva, contando as horas. Finalmente chegou a hora combinada, 9h e logo liguei com o coração acelerado e fiquei me perguntando: O que será que vem através dessa ligação? Sonia, minha amiga, atendeu como combinado e com muito cuidado para entender, eu ouvi o que ela tinha para me dizer. "Parabéns! Que Deus te abençoe!" e entregou o mistério que tanto eu estava aguardando. Ela falou assim: "Deus, nessa madrugada, te deu dons de presente!", eu fiquei muito feliz e relatei o sonho que tive. Com tudo isso, eu ainda não entendia o que Deus queria comigo, eu me perguntava por que eu e não colocava em prática os dons que ele tinha me concedido.

No ano de 2000, mudei do Rio de Janeiro para Macaé/RJ. Quando cheguei lá, fui morar na casa de uma irmã por 6 meses. O tempo foi passando e alguns meses depois, comecei a trabalhar em uma empresa e aluguei uma casa. Nessa época, fui visitar a pastora Janaína, que hoje é bispa, e começamos a orar juntas e subir montes; também conheci o Pr. Cláudio e comecei a frequentar o ministério Igreja Evangélica Fontes D'Águas Purificadoras Deus Vivo, em Imbetiba, Macaé. Foi nesta cidade que realmente não só conheci de ouvir falar, e, sim, os meus olhos passaram a ver Deus na minha vida.

Com alguns meses de trabalho, fiquei desempregada e os problemas surgiram. Nem sempre estar na igreja e participar de todos os eventos quer dizer que estamos firmados na Rocha, se verdadeiramente não tivermos um encontro com Deus. Quando não estamos firmados na Rocha tudo fica mais difícil e as consequências dos nossos erros chegam.

Sofri muito, fiquei desempregada, sozinha e tudo por não viver verdadeiramente Deus na minha vida, por não o conhecer como deveria. Foi um tempo muito difícil e tive que entregar a casa que eu morava por não ter como pagar. Passei fome, não tinha onde morar, os colegas não me davam atenção e eu sendo desmoralizada por pessoas e me sentindo completamente derrotada.

Uma amiga da igreja me convidou para morar na casa dela e por não ter como ajudá-la financeiramente, eu era ajudadora do lar. O pastor da igreja que eu frequentava, Pr. Cláudio, me ajudava com as passagens de ônibus para que eu não faltasse os cultos.

O tempo foi passando e me mudei para uma quitinete de uma amiga também da igreja e fiquei sendo sustentada por ela durante um ano. Nessa época, eu não achava solução para os meus problemas, eu não conseguia enxergar uma saída, tudo era difícil para mim e eu chorava muito. Eu vivi durante muitos anos assim, sem alvo, sem perspectiva, sem amor, sem compreensão e muitas vezes sem vontade de viver.

Com o passar dos dias os problemas foram piorando cada vez mais. Era muito difícil viver assim, porque a minha mente não tinha nada de positivo, somente pensamentos negativos. São desafios difíceis de serem vividos quando nos sentimos sozinhos diante de um mar revolto com uma tempestade imensa diante de nós. Um dia, Deus olhou para mim de uma maneira diferente e colocou no meu coração a frase: "Tudo posso naquele que me fortalece."

A virada na minha vida

Até que um dia eu falei para mim mesma diante do espelho: Eu preciso viver algo diferente, eu preciso de uma reviravolta na minha vida. Comecei a falar com Deus e clamar chorando, gemendo de dor na alma, que eu precisava viver o SOBRENATURAL.

Confesso que fiquei assustada com as minhas atitudes diante da minha decisão de mudança de vida, eu comecei a perceber que eu tinha que me esvaziar de sentimentos ruins no meu coração com pensamentos positivos, deixar Deus encher de azeite os espaços vazios. Na realidade, eu precisava de cura na alma, eu precisava ter coragem, fé e ousadia para conseguir superar as dificuldades e viver os milagres de Deus.

Um dia, na sala da minha casa, eu gritei: "Deus! Olhe pra mim! Coloque as suas mãos santas no meu coração e na minha mente, tira toda sujeira que me afasta de ti, que não me deixa enxergar que tudo posso naquele que me fortalece! Muda a minha vida, Senhor! Eu preciso viver o sobrenatural!". Eu comecei a orar de forma diferente, clamando ao Senhor por uma mudança de caráter e comecei a estudar a palavra Deus para entender o Reino; as pessoas não entendiam o que estava acontecendo, porque o meu semblante tinha mudado e tudo começado a fluir, tinha um brilho sobrenatural no meu rosto. Verdadeiramente, a minha busca em Deus foi tão grande que me surpreendeu.

Um certo dia, eu fui cuidar da minha aparência e conheci uma missionária chamada Marina, que através de sua vida foi usada por Deus para me ajudar, e Ele mostrou pra ela a minha vida e daquele momento em diante, obedecendo a Deus, minha vida começou a mudar. Nós passamos a orar de madrugada até hoje e Deus tem atuado nas nossas vidas. Eu comecei a enxergar o Reino de Deus com outros olhos, passei a sentir e a viver o sobrenatural. Fazendo a vontade dEle tudo mudou, fechou um ciclo e outro foi aberto para uma nova história, quando, no dia 19 de maio de 2015 iniciei meu relacionamento com o cantor Carlos Heitor, me casando no dia 25 de fevereiro de 2016.

Uma história com muitos desafios e obstáculos que foram superados com a graça de DEUS e com as promessas sendo cumpridas.

O que eu aprendi com isso?

Que Deus tem propósitos na vida de cada um, Ele não abandona os seus escolhidos e tudo acontece no tempo dEle. Nada sai do controle dEle, o tempo está nas Suas mãos e temos que passar pelo processo para alcançar o propósito. O Espírito Santo de Deus é que nos conduz. Verdadeiramente, precisamos ter um encontro com Deus e renunciar muitas coisas para viver o sobrenatural do Todo-Poderoso e não devemos perguntar a Deus o porquê, e sim, "para quê?".

Hoje, sou missionária, ministro para mulheres a palavra de Deus nas igrejas, mostrando que nós podemos sim, viver o sobrenatural de uma forma linda com a ajuda de Deus e também ministro palestras sobre intercessão.

Em 19 de maio de 2022, Deus, o Todo-Poderoso, levou o meu esposo, o cantor Carlos Heitor, para adorá-Lo no coral celestial e, diante disso, Deus tem cuidado de mim para que as promessas dele sejam concretizadas.

Trabalho na Petrobras há 21 anos. Deus, em 2014, me levou de volta para o Rio de Janeiro e, em 18 de março de 2023, me levou para Saquarema, para uma grande obra na Igreja de Nova Vida, naquela cidade.

Você acha possível uma reviravolta de uma vida sem valor para uma vida próspera com Deus?

"Muitas vezes não
avançamos por
medo, e isso nos
afasta daquilo que
nos traz esperança,
nos tornando
incapazes.
Para alcançar,
é necessário
avançar."

Miss. Elza Ferreira

ERLANDES SILVA

Sou casado com Mônica Silva há 37 anos. Pai de dois filhos casados, Jônatas e David, e avô de dois netinhos lindos, Marina e Lucca. Sou filho de Deus e Ministro do Evangelho do Reino há 30 anos. Além de escritor e teólogo, atuo nos ofícios Apostólico e Profético em parceria com minha esposa. Sou líder do MAR (Ministério Apostólico do Reino). Ao longo desses 30 anos de ministério, marcamos muitas vidas com curas, milagres e salvação, impulsionados pela nossa paixão por Jesus e pela preciosa presença do Espírito Santo.

Nosso objetivo é trazer o entendimento do Reino aos filhos e cultivar uma mentalidade de Cristo, na Nova Aliança. Compreendemos que nossa missão como filhos é influenciar a terra com a cultura, princípios e valores do Reino. Juntos, ministramos seminários sobre o Reino de Deus, a Nova Aliança, casais, o Espírito Santo, milagres e o sobrenatural de Deus. Minha esposa e eu residimos atualmente no Rio de Janeiro.

erlandessilva.reino

Erlandes Silva

Erlandes Silva Reino

erlandessilva.mar@gmail.com

13 "DUNAMIS - O PODER SOBRENATURAL DE DEUS"

Por Erlandes Silva

"Mas recebereis Poder, ao descer sobre vós o Espírito Santo, e sereis minhas testemunhas, tanto em Jerusalém, Judeia, Samaria e até os confins da terra." (Atos 1:8)

Após a ressurreição de Jesus Cristo, Ele permaneceu durante 40 dias com seus discípulos, falando sobre o Reino de Deus. Ele abordou o poder do Espírito Santo que em breve receberiam e seriam revestidos do alto com um poder sobrenatural com o qual realizariam muitos sinais, prodígios e maravilhas em Seu nome. E assim aconteceu! O capítulo 2 de Atos dos Apóstolos, descreve a manifestação divina que os discípulos experimentaram, sendo cheios do Espírito Santo, do Dunamis, que significa poder, força, energia, autoridade e governo. Eles foram autorizados a realizar obras maiores em nome de Jesus.

Nós também estamos cheios desse poder, dessa força e energia, chamado Espírito Santo. Na época de Jesus, Sua atuação ocorreu em um território limitado. Os milagres, os sinais e as maravilhas operadas por Ele foram tão grandiosos e impactantes que multidões O buscavam. Mesmo cansado, Ele atendia a todos.

Hoje, ao observarmos o mundo, o Espírito Santo se move poderosamente em toda a terra. A atmosfera está repleta da glória do Senhor, e milhares de pessoas estão sendo tocadas por Sua presença. É crucial compreendermos que, acima de tudo, é em nome de Jesus e para a Sua glória que realizamos feitos extraordinários, deixando um legado para as próximas gerações.

Exemplos bíblicos como Abraão, conhecido como o Pai da Fé, e personagens como Samuel, Elias, Eliseu e Davi marcaram suas respectivas gerações, deixando legados significativos. Agora, cabe a cada um de nós refletir sobre que legado pretendemos deixar para as próximas gerações.

O véu foi rasgado, e o poder foi liberado! Sim, na Nova Aliança, o véu foi rasgado, proporcionando acesso irrestrito. O Espírito Santo foi derramado e opera poderosamente em todos que receberam Jesus como seu Senhor e Salvador, e nasceram da água e do Espírito, conforme declarado em João 3:3.

Antes de subir aos céus, Jesus conferiu aos Seus seguidores uma autoridade sem precedentes, como declarado em Lucas 10:19:

"Eis que vos dei autoridade para pisardes serpentes e escorpiões e sobre todo o poder do inimigo, e nada, absolutamente nada, vos causará dano algum."

Adicionalmente, em Mateus 16:18, Ele afirmou:

"As portas do inferno não prevalecerão contra a minha igreja. O que ligares na terra será ligado no céu, e o que desligares na terra será desligado no céu."

Essas palavras evidenciam o poder e a autoridade inerentes aos filhos de Deus.

Ao chegarem em Éfeso, os Apóstolos foram reconhecidos pelos religiosos como aqueles que estavam "transtornando o mundo" (Atos 17:6). A pregação do Reino e a manifestação do poder sobrenatural de Deus tinham o impacto de fazer demônios e toda força infernal se renderem.

Na Nova Aliança, vivemos em outra dimensão, onde o Espírito Santo habita em nós. Agora, o templo é você e eu, os filhos de Deus. Ele se move de maneira tão poderosa e sobrenatural que impacta as pessoas com Sua presença, resultando em vidas transformadas. Neste exato momento, milagres incríveis estão ocorrendo na terra por meio da atuação do Espírito Santo.

Vou compartilhar aqui algumas **experiências sobrenaturais que vivi,** as quais me fizeram entender o quanto dependo Dele, e sem Ele, não sou nada. Não é sobre mim, mas é sobre Ele. Jesus disse: "*...sem mim, nada podeis fazer!*" (João 15:5).

1. Entendi que Deus havia me dado autoridade para curar vidas

Cresci vendo minha mãe sofrer com uma hemorragia, sendo levada várias vezes para o hospital, com sangramento pelo nariz. Certa vez, quando ela teve a hemorragia novamente, algo havia mudado. Compreendi que Deus havia me concedido autoridade, uma unção com poder para curar e libertar os cativos, e foi exatamente o que fiz. Ela estava deitada na cama com um lenço cheio de sangue, então eu disse: "Mãe, a senhora será curada agora por Jesus Cristo, porque eu creio que Ele está aqui." Orei por ela, declarei que aquela enfermidade nunca mais retornaria, e para a honra e glória do Senhor Jesus Cristo, ela foi completamente curada!

2. "Há um anjo tocando nela agora"

Outra experiência marcante ocorreu na vida da minha esposa. Ela estava prestes a passar por uma cirurgia, mas o exame revelou que ela tinha algumas artérias entupidas. O médico alertou: "Se eu a operar, ela ficará na mesa de operação". No entanto, sabemos que a Deus pertence a última palavra. Estávamos em um culto com uma missionária convidada e, sem conhecimento da situação, durante a ministração, ela disse: "Pastor, coloque a mão no coração de sua esposa, pois há um anjo tocando nela agora e restaurando as artérias do coração".

Eu acreditei, e a cura foi completa. Quando minha esposa retornou ao médico e compartilhou o ocorrido, solicitando um novo exame, o resultado revelou que não havia mais obstruções nas artérias. Estavam totalmente limpas. A Palavra de Deus declara:

"Para os homens é impossível, mas para Deus tudo é possível àquele que crê!" (Lucas 1:57)

3. "Ore pelo teu filho, agora!"

Lembro-me vividamente de uma experiência extraordinária na vida do meu filho, na qual testemunhei o sobrenatural de Deus. Ouvi a voz do Espírito Santo claramente me dizendo: "Ore pelo teu filho". Uma autoridade sobrenatural se apoderou de mim para repreender o espírito de morte que pairava sobre ele. Era algo tão sobrenatural que parei imediatamente o carro e orei com fervor e autoridade pelo meu filho Jônatas. Percebi que não estava sozinho naquela oração, pois o Espírito Santo intercedia comigo.

Durante a oração, decretei no mundo espiritual, em nome de Jesus Cristo, repreendendo o espírito de morte. O sobrenatural se manifestou quando meu filho estava prestes a entrar debaixo do ônibus com a bicicleta. O ônibus não parou no ponto e continuou em alta velocidade. No entanto, o Senhor interveio poderosamente, lançando-o para cima da calçada. Ao cair sobre a bicicleta, algo sobrenatural aconteceu: o fio de aço do freio penetrou e cortou sua coxa. O corte foi tão extenso que necessitou de mais de 25 pontos. Chegando ao hospital, o médico afirmou que foi um milagre, pois por pouco não atingiu a artéria femoral, o que certamente teria sido fatal. Mais uma vez, vivenciei o sobrenatural de Deus. Como disse Jesus: "*...e tudo o que pedires em meu nome, crendo, recebereis...*" (Mateus 21:22).

4. "Voltem, pois estão clamando por ela na terra!"

Quero compartilhar mais uma experiência sobrenatural que teve um grande impacto em minha vida, e acredito que também terá em sua vida. Estava atendendo as pessoas no final do culto em uma certa manhã quando, de repente, um membro da igreja me chamou à porta e disse: "Pastor, venha depressa, pois a irmã da igreja acabou de sofrer um acidente; foi atropelada por um carro e está estendida no chão". Corri o mais rápido que pude e, ao chegar, uma grande multidão estava ao seu redor. Um amigo bombeiro disse que já tinha chamado o socorro, mas testemunhou quando ela deu o último suspiro. Ela estava toda ferida, jogada no canto da rua.

Me lembro de ter empurrado a todos, dizendo: "Ela é membro da igreja!". Tomado pela compaixão e unção do Espírito, com ousadia e autoridade, me ajoelhei e a tomei nos meus braços; ela estava sem vida. Então, orei, dirigido pelo Espírito, repreendendo o espírito de morte e clamando para que ela voltasse à vida, em nome de Jesus Cristo. De repente, algo aconteceu: ela abriu os olhos e os braços, voltando à vida. Quando seu esposo chegou, a coloquei em seus braços e saí. Minha esposa também chegou e prestou assistência.

Ela voltou à vida, e todos glorificavam a Deus! No entanto, algo sobrenatural aconteceu. Ela conta que dois anjos, um de cada lado, seguravam em seus braços e a levavam para cima. Ela se viu deitada no chão ao olhar para baixo, mas não entendia nada. Enquanto subia, descreveu que estava entrando em um lugar lindo e claro, cheio de luz, indo em direção à presença de Deus. De repente, uma voz bradou: "Voltem, pois estão clamando por ela da terra!". Entendi que foi exatamente o momento em que clamamos ao Senhor para que ela voltasse à vida que a ordem saiu da parte de Deus. A levamos para o hospital, onde constataram que nada estava quebrado, e apesar do impacto na cabeça, não sofreu traumas.

Algo sobrenatural continuou em sua casa. Durante uma semana, ela recebeu a visitação de anjos em seu quarto, com a presença de Deus enchendo o ambiente. Ela não parava de falar na língua dos anjos. Este acontecimento marcou profundamente a minha vida, e quando compartilho essas experiências, o sobrenatural de Deus se manifesta poderosamente, para a Sua glória.

Jesus disse que coisas maiores do que as que Ele realizou, nós realizaremos em Seu nome e que tudo que ligarmos na terra será ligado no céu.

"Estes sinais seguirão aos que creem: em meu nome, expulsarão demônios, falarão novas línguas, pegarão em serpentes; se beberem alguma coisa mortífera, não lhes causará dano algum. Se impuserem as mãos sobre os enfermos, ficarão curados." (Marcos 16:17-18)

Este poder já está dentro de você; é hora de manifestar a unção do Espírito que você carrega e se mover no sobrenatural de Deus. Ele está te convidando para uma vida de maior intimidade com Ele. Esta geração aguarda com grande expectativa que você se manifeste, assim como diz no texto de Romanos 8:19:

"A criação aguarda com ardente expectativa a revelação dos filhos de Deus."

Somente os filhos podem revelar o Pai!

“Fomos criados à imagem e semelhança de Deus para representá-Lo e manifestar Seu poder sobrenatural!”

Erlandes Silva

GISELE SIQUEIRA FERREIRA

Sou Gisele Siqueira Martins Ferreira, resido atualmente na grande São Paulo com meu esposo, Luis Carlos Martins Ferreira, com quem estou aliançada em Deus há 8 anos.

Atuo como psicóloga clínica, na linha Cognitiva Comportamental. Iniciei minha carreira na área de Recursos Humanos onde atuei durante 12 anos, mas Deus me chamou para cuidar de pessoas através dos atendimentos individuais, desde então, tenho obedecido há 7 anos, até aqui o Senhor me direcionou.

giselesiqueira.psi

14 O PODER DE UMA PALAVRA

Por Gisele Siqueira Ferreira

Sou filha mais velha do casamento entre um homem trabalhador, honesto, médico, pai ausente afetivamente e uma mulher 13 anos mais nova que ele, cheia de sonhos, casando para ser feliz, fugindo de um contexto um tanto controlador. Um homem experiente vivido boêmio e uma menina cheia de sonhos. A gravidez logo após o casamento traria alguma esperança. Noites à espera deste homem e uma palavra lançada sobre aquela criança, ainda no ventre: "Você é tudo o que eu tenho". No dia do nascimento desse bebê, ela não sabia onde ele estava, possivelmente em alguma "farra".

A expectativa dele era que aquela criança fosse um menino, frustração. Quando a viu, disse: "Que criança feinha!", outra palavra lançada sobre ela. Essa criança cresceu, alegre, engraçadinha, esperta, cheia de vida, queridinha do vovô e também cheia de fé! Quando tinha apenas 4 aninhos, ao ser questionada por sua avó se ela não tinha medo de uma situação específica, ela respondeu: "Não tenho medo de nada, DEUS me "*protrege*". As palavras lançadas sobre ela não foram capazes de calar a voz de Deus que ecoava dentro dela. Ela era frequentadora da Escola Dominical.

A adolescência chegou com as inseguranças e conflitos internos. Nesta fase, as palavras eram de depreciação: "Seu cabelo é feio", "Sua risada é escandalosa", "Você está gorda", "Seu nariz é feio". Palavras que entraram e a guiaram por um bom período. Então, ela usava a comida para silenciar essas vozes, o que chamamos na psicologia de compulsão alimentar. Palavras e mais palavras: "Você é como seu pai, gosta de festa, gosta de sair". Comparações. Dedos apontados e pouco acolhimento.

A vida adulta chegou, trabalho, responsabilidades, conquistas, e uma carência permanente; sede de liberdade, casamento, divórcio, traição, dor que silenciava a voz de Deus. Recomeço, uma nova chance. Conheci meu atual esposo. O Senhor pediu meu coração por inteiro, sabia que enfrentaria obstáculos e seria provada nesta área. Aprovada. Casamento aliançado por Deus.

Desafios de uma família mista, renúncias, sementes de amor lançadas no coração de duas crianças marcadas pelo divórcio, renúncias. Iniciei carreira na área clínica. Inseguranças, medos ainda me assombravam mesmo sabendo que Jesus era comigo. Depressão. Questionamentos, vergonha, indiferença, palavra de esperança, retirada do remédio, curada! Fé aplicada através da palavra de Deus.

Sete vezes o "não" do Senhor para a maternidade, esperança, tristeza, vergonha, comparações e dor, raiva, muita raiva, xeque-mate na minha fé. Escuridão.

Um homem sensível e obediente à voz do Espírito Santo, vê a escuridão no meu olhar e me apresenta sua esposa. Andreia Freitas. Essa serva do Deus Altíssimo me pega pela mão e me traz para luz! Do vale da sombra da morte para os pastos verdejantes. Fome de Deus.

Rotina, cotidiano, mudança, reforma, outra geográfica, cansaço... muito cansaço. Achei que a escuridão fosse me tragar novamente, mas lutei e ela não achou lugar. Foi neste momento que conheci, através de uma *live*, uma pastora que reside nos Estados Unidos. Apenas acompanhei duas lives, o que não tinha menor costume, e as palavras daquela mulher testificavam no meu espírito. Assim como Isabel e Maria, as suas palavras causaram algo inexplicável dentro de mim. Ela falava que somos feitas para gerar e que o Céu não é somente um destino, mas um recurso.

Não sei exatamente o que ela viu em mim, mas me colocou em um grupo e eu mal sabia o que era aquilo. Achei que iam me pedir dinheiro, mas não. Eram mulheres que se reuniam para orar e falar da Palavra. Tinham campanha de oração de madrugada, oração ao meio-dia e estudo sobre as mulheres da Bíblia. Esse grupo é um ministério que se chama Reciclando Nações, ministério *online*, liderado pela pastora Sandy Margon desde 2022.

Dentro deste grupo, surgiu o "Desafio da Paçoca". Eu, avessa a todo o tipo de "desafio", ainda mais de vender alguma coisa. Eu introspectiva, que pagava para não falar, aceitei! E aí você me pergunta: mas por que você aceitou esse desafio maluco? Porque o objetivo final era romper com aquilo que me paralisava. Minha fome e anseio por viver Atos dos apóstolos foi maior do que todas as outras vozes que ouvi no momento do desafio e durante ele também. Além disso, eu confiei nas palavras da pastora Sandy e me comprometi com ela.

A primeira voz contrária foi o medo, medo do fracasso, medo de não dar certo. Medo de não conseguir vender, misturado com um pouco de vergonha. Eu sabia que existia algo em mim que me travava. Por vezes, achei que eram pessoas, outras achei que eram circunstâncias, mas percebi que eram as palavras que me faziam paralisar ou me fariam, a partir de agora, avançar. Anseio, romper, palavra liberada, confiança, ação, resultado.

E o que isso tem de sobrenatural? Talvez para você seja uma bobagem, algo que qualquer um poderia fazer, porém, dentro do meu contexto, da minha geografia e da minha personalidade, era algo que eu jamais teria feito se eu não tivesse tido coragem! Como assim, coragem? Primeiro, acreditar na voz de quem lançou o desafio, voz cheia de autoridade em Cristo. Coragem de enfrentar as vozes contrárias: as minhas, as dos outros e das circunstâncias.

Para viver o sobrenatural de Deus, é preciso coragem, você precisa decidir enfrentar as vozes contrárias. Venci a inércia, venci o medo do fracasso e de mim mesma. O mais importante de tudo isso, fiquei mais sensível à voz do Espírito Santo. Hoje, eu sei claramente identificar a voz do medo e sei que sou capaz de enfrentá-lo, pois o Espírito Santo de Deus assim me habilitou. Acessei a coragem, a confiança que Ele previamente derramou sobre mim, mas não havia acessado.

Nada disso teria acontecido se uma mulher não tivesse escutado a voz do Espírito Santo e lançado esse desafio. Eu confiei na pastora Sandy, na voz que saia da boca dela e testificava no meu espírito. Ela, nos Estados Unidos, e eu, aqui no Brasil. Quilômetros de distância nos separam, mas Deus nos apresentou, isso foi sobrenatural.

E foi a partir daí que comecei a viver o sobrenatural do Senhor. Eu via uma mulher na sala, pelo aplicativo Google Meet, ficar por horas ministrando, derramando das revelações da Palavra que ela recebia da parte do Senhor. Eu via uma mulher orar de três em três horas da sexta-feira para o sábado (SHABAT). Viver isso, mesmo que *online*, despertou meu espírito e ver que existe, sim, aqueles que ainda se entregam por completo, acendeu ainda mais a minha fé. E a entrega dela despertou a minha e tem me inspirado. Tudo que era falado e ministrado dentro daquela sala, o Senhor confirmava de todas as formas possíveis: arco-íris, chuva, trovões, ligações, passarinhos. Muitas foram as manifestações do sobrenatural do Senhor, sim, eu vivi e tenho vivido o sobrenatural do Senhor.

Então, comecei a experimentar essas manifestações na minha vida. Eu mandava uma palavra para alguém e Deus confirmava de diversas formas. Eu ia no culto e a mesma passagem era pregada. Eu orava algo e alguém me mandava o versículo que eu tinha orado! Isso é sobrenatural. Não era mais esporádico, mas estava sendo constante. Viver o sobrenatural do Senhor é viciante! Todo o resto fica sem graça e não sabemos mais viver longe desse mover.

Depois de 4 meses que conheci a pastora Sandy pela internet, o Senhor moveu o coração do meu esposo, que me liberou para que eu fosse conhecê-la pessoalmente. Parti para os Estados Unidos. Ansiedade, tensão, turbulência, palpitação, imigração, abraço apertado. Sobrenatural! Eu estava na casa de onde Deus se apresentava de forma extraordinária a ela. Quando paro para pensar que estive 8 dias nos Estados Unidos, ao lado de alguém que conheci pela Instagram através de uma live, há somente 4 meses, isso é uma loucura ou a manifestação do sobrenatural de Deus? Isso me fez lembrar de uma passagem bíblica onde Jesus olha para aquele cobrador de imposto e diz: "Siga-me". E este homem simplesmente vai. Isso seria loucura ou a manifestação sobrenatural de Deus, que acontece com todo aquele que decide ouvir a voz de Jesus e segui-Lo?

Já nos Estados Unidos, a pastora estava com muita dor de dente, confesso que me senti impotente, mas o Espírito Santo me lembrou de palavras liberadas sobre minha vida. Oração, fé, manifestação do poder de Deus! O sobrenatural aconteceu! A dor foi embora.

O Senhor nos convida, todos os dias, a viver o sobrenatural dEle; mas será que estamos dispostos a abrir mão da pseudossegurança que ainda temos nessa terra? Será que você está disposto a se entregar totalmente, entregar todo o controle nas mãos dEle e passar a ser guiado somente pela voz do Espírito Santo? Será que você está disposto a priorizar seu tempo na busca de afinar seus ouvidos, para que você ouça a voz dEle? Será que você tem dado uma ordem a sua alma para se aquietar, para que assim ela possa louvar ao teu Deus, o teu auxílio?

Eu tenho trilhado este caminho, não que eu tenha alcançado perfeição, mas prossigo para o alvo, que é Cristo! E em Cristo há milagres, há salvação, há curas sinais e maravilhas! ALELUIA. Mas é para quem crê. Eu quero e viverei muito mais do sobrenatural de Deus! E você, quer viver isso e muito mais?

É preciso entrega, é preciso coragem de romper com as palavras contrárias e crer na palavra daquele que não mente, em quem não há sombra de mudança, Cristo Jesus. Através da leitura da verdade, através da fé podemos acessar o sobrenatural, com o direcionamento do Espírito Santo, que habita naquele que crê em Jesus Cristo e que entregou sua vida por completo a Ele. Se não fosse pela vida da pastora, eu nem estaria aqui escrevendo o capítulo desse livro e compartilhando um pedaço da minha alma. Foi através da vida dela que essa oportunidade chegou até mim!

Viver o sobrenatural de Deus é uma escolha, nem sempre é fácil, acredito que é um verdadeiro romper. Rompimento do medo das circunstâncias, dos outros e de si mesmo. Pelo menos, esse foi o meu caso. É um derramar da nossa vida, uma entrega total, com a convicção de que o Criador e Redentor das nossas almas estará conosco! Até o fim!

"Para viver o sobrenatural de Deus é preciso coragem. Você precisa decidir enfrentar as vozes contrárias e se entregar por completo."

Gisele Siqueira Ferreira

IZABEL CRISTINA

Meu nome é Izabel Cristina Ferreira dos Santos, filha de Maria do Carmo e Celestino Ferreira. Tenho 57 anos, fui casada por 32 anos e hoje sou divorciada há 4 anos. Sou mãe de Larissa Cristina, de 34 anos, Laureane Pires, de 32 anos, Lidiane Ramos, de 30 anos, e Guilherme Ramos, de 28 anos. Além disso, sou avó de 5 netos. Sou cristã há 26 anos, missionária e intercessora, me dedicando ao Ministério de Libertação e Cura Interior. Sou grata a Deus por me permitir fazer Sua obra e amo testemunhar vidas sendo transformadas pelo poder do Espírito Santo.

izabel.cristinas

Izabel.cristina1257@hotmail.com

15 DA TERRA DO ESQUECIMENTO AO PALÁCIO DO REI

Por Izabel Cristina

Falar de mim é falar de sonhos, projetos e verdadeiramente viver o sobrenatural. Quando recebi o convite para representar uma pastora chamada Sandra, não imaginava que o Senhor já estava abrindo uma porta para cumprir um propósito e uma promessa na minha vida. Para mim, parecia impossível, considerando o contexto em que vivi, saindo de uma posição de faxineira para me tornar escritora. Deus tira o homem do pó e o faz sentar entre príncipes.

Minha história começa no ano de 1976, quando fui entregue para outra família pelos meus pais. Morávamos na zona rural, e sendo a segunda de sete filhos, meus pais acharam que seria melhor para mim. Na época, eu tinha dez anos de idade e vivi com esse casal até os meus quinze anos. Criada dentro da igreja Católica, fiz todos os cursos possíveis e já realizava trabalhos missionários dentro da igreja, pois o chamado ardia em meu coração.

Entre meus quinze e dezesseis anos, mudei para outra casa para trabalhar como empregada doméstica e babá, enquanto concluía a maioridade. Trabalhava durante o dia e estudava à noite. Próximo de completar vinte anos de idade, fui morar com meus pais depois de passar uma temporada morando com meus avós. No ano de 1986, após o falecimento do meu pai, decidi mudar para São Paulo, na capital, em busca de uma vida melhor, considerando a dificuldade da vida na roça.

Após dois anos morando em São Paulo, conheci meu ex-marido. Nos casamos um ano depois e tivemos duas filhas. No ano de 1997, mais precisamente no dia 26 de junho, durante um culto familiar para o qual fui convidada por um casal vizinho, aceitei a Jesus. Nessa época, já tínhamos quatro filhos e vivíamos em um cômodo com um banheiro. Dormíamos no chão, enfrentando muitas dificuldades financeiras e passando por momentos de fome, pois meu ex-marido bebia muito e frequentemente desaparecia. Eu andava a pé e chegava a viajar pendurada do lado de fora do trem para conseguir trabalhar. Enfrentava um casamento repleto de adultério e prostituição.

Naquele dia, fui movida pela dor e pela necessidade. Ao chegar no culto, fui abraçada, me senti amada e recebi uma palavra que até hoje move o meu coração: Tiago 2:14. Essa palavra falou sobre meu chamado e foi o catalisador que me fez mudar.

E assim começou minha trajetória com Jesus, uma vida de sofrimento, noites sozinhas, abandono, vergonha e dor. No entanto, foram noites de muita oração, intercedendo pelas vidas, buscando no monte, pregando o evangelho. Ano após ano, testemunhei minha família sendo resgatada, restaurada e liberta. Em meio a tudo isso, recebi um dom de Deus de cura e libertação, e descobri após a libertação da minha mãe do candomblé.

Em momentos de muita escassez e deserto, me senti como Jó, em uma terra seca e solitária. No entanto, o Senhor nunca esquece dos Seus, e quando pensamos que é o fim, Ele chega com o milagre. Foi isso que vivi: no deserto, há pão e água.

No ano de 2004, enfrentei uma situação difícil. Meu companheiro, com quem me casei, estava afastado do trabalho devido a um acidente. Nesse período, eu era a única que estava trabalhando como diarista, tendo quatro filhos adolescentes para cuidar. Em uma certa manhã, olhei para o meu celeiro e não havia nada para fazer para os meus filhos. Naquela manhã de sábado, nem café tínhamos. Olhei para eles e disse: "Vamos orar. O que vocês querem pedir para o Senhor?". Olhei para o relógio, eram 9 horas, e cheia de fé, falei para o Senhor: "Pai, são nove horas da manhã, e se o Senhor tem uma obra na minha vida até às cinco horas da tarde, o Senhor vai enviar um anjo na minha casa, porque eu creio que o Senhor faz milagres. Hoje mesmo, na Tua casa, vou testemunhar".

Chamei meus filhos e, juntos, de mãos dadas, ajoelhamos no meu quarto, fechei a porta e começamos a orar. Eles oraram por tudo que queriam comer naquele dia. Depois, falei para eles, cheia de fé: "Vocês não irão falar nada para ninguém, porque Deus vai suprir nossas necessidades".

Nos levantamos, e eu disse para minha filha mais velha que limpássemos a casa e cuidássemos das coisas, pois às 17h iria para a igreja com seus irmãos, e ela ficaria em casa. Falei para meu companheiro, que estava sentado: "O celular vai tocar, e é a resposta do Senhor." Ele respondeu que não atenderia, pois ninguém ligaria. Por volta das 13h, o celular tocou. O aparelho de celular era um Motorola que parecia um tijolo. Falei para ele atender, mas ele relutou, incrédulo e sem fé, dizendo: "Deve ser alguém cobrando." Insisti para que atendesse, pois era o anjo. Quando ele atendeu, o rapaz perguntou se estava tudo bem com meu esposo e sua família. Ele respondeu que sim. O homem continuou, perguntando se precisava de alguma coisa, porque o Senhor o incomodou e o fez lembrar desse número de telefone para ligar. Fornecemos o endereço e um ponto de referência. E ele disse: "Estou saindo daqui agora. Vou chegar por volta das 15h. Meu carro é vermelho. Me espere, vou te encontrar".

Mesmo contra a vontade, meu companheiro foi ao encontro. Estávamos todos naquele dia sem nos alimentar. Orei: "Senhor, quando o anjo chegar, ele vai deixar as compras no chão da cozinha." Tomei banho, meus outros filhos também, e fui para a igreja, deixando minha filha mais velha para, quando o pai dela voltasse, me contar tudo para que eu pudesse testemunhar o milagre que o Senhor fez.

E assim aconteceu: meu companheiro encontrou o rapaz que ligou às 15h, o levou a um supermercado e disse: "Pegue tudo que você precisa, e eu vou pegar também." Ambos encheram três carrinhos grandes, foram até o caixa e ele pagou aquela compra. A nota era grande e meu companheiro ficou assustado, pois não sabia quando teria dinheiro para pagar aquela compra, mas o homem disse: "Deixe essa nota comigo, vamos levar tudo para a sua casa".

Chegando no apartamento da CDHU, aquele homem entrou e colocou todas aquelas compras no lugar que eu tinha falado para o Senhor naquela manhã. Tudo que pedimos em oração, o Senhor enviou, até um frango e batatas que na semana eu falei para o Senhor que gostaria de comer.

Ele olhou todos os cômodos e foi embora. Logo, minha filha Larissa foi correndo para a igreja me contar o que tinha acontecido, e naquele culto, eu testemunhei que o Senhor opera milagres no deserto. Ele ouve as nossas orações e realiza o sobrenatural. Todo alimento durou três meses. Detalhe: nunca vi o rosto desse homem, mas Deus proveu!

Você pode até ser esquecida em uma terra seca e solitária, mas Deus não se esquece de você e envia a provisão. Ele ouve um coração sincero. Eu fiz a oração com fé, já crendo no milagre, e determinei às 9h, e às 17h, Deus operou o milagre.

Ainda que tudo esteja contra e muitos digam que não vai acontecer, creia no Deus que te chamou, pois Ele é Jeová Jireh. Durante muitos anos, trabalhei como empregada doméstica, e Deus abriu uma porta em uma empresa. Hoje, trabalho registrada como encarregada, direcionando pessoas, e Deus tem se manifestado.

Aprendi que em meio ao deserto, a provisão vem. Deus prova nosso caráter e nossa fé para saber onde está nosso coração. O céu não é limitado; a porta de acesso está aberta. Basta nos colocarmos diante do Pai, profetizar e determinar. Mesmo no vale, na terra do esquecimento, temos que crer. Nosso Deus é o Deus do impossível. Ele é o mesmo que operou no passado e opera hoje, devemos colocar a fé em ação. Não importam as circunstâncias, creia no Seu milagre.

Congreguei por muitos anos em uma igreja onde exercia meu ministério de missões. Fui discipulada e fiz discípulos, aprendi sobre a Palavra, participei de muitos estudos bíblicos, congressos e testemunhei muitos milagres, curas e libertações. No entanto, após 32 anos, aconteceu meu divórcio, e senti novamente a dor do abandono. Infelizmente, não recebi o apoio da igreja, e aos poucos fui sendo esquecida e deixada de lado pelo ministério. Devido a essa situação, comecei a abrir mão das minhas funções, pois não me sentia mais capaz de continuar ali.

Precisei mudar de casa, pois estava sendo perseguida pelo meu ex-marido. Mudei de bairro, vendi meu apartamento e acabei me distanciando cada vez mais da igreja onde congregava. No entanto, mesmo diante dessas mudanças, continuei buscando a Deus, orando e jejuando por três anos. Foi durante esse período que, em uma live, conheci a Pastora Sandy Margon e a família do Ministério Reciclando Nações. Fui abraçada por esse povo amado e escolhido, por mulheres que também tinham suas feridas e conheciam a dor do abandono. Elas me receberam de braços abertos.

Hoje, sou intercessora dessa amada igreja e exerço o ministério que Deus me deu. Posso dizer que, em todas as vezes que me senti sozinha, em todos os momentos em que precisei, Deus chegou com a provisão enviando alguém, pois Ele nunca me abandonou. Portanto, lembre-se: a amargura e solidão ministerial não podem destruir seu chamado, que é importante demais para Deus.

Há cerca de quatro anos, fiz um quadro dos sonhos, colocando fotos de lugares e países aos quais desejava levar a palavra de Deus, compartilhar as experiências de estar em uma terra esquecida, mas sendo cuidada por Deus. Hoje, posso dizer que Deus realiza sonhos! Sempre sonhei em levar a palavra do Senhor a mulheres esquecidas e desacreditadas. Talvez meus pés não cheguem a alguns lugares, mas minha história chegará. Em 1 Samuel 20:42, a palavra do Senhor fala sobre o valor de uma aliança:

"Disse Jonatas a Davi: Vai-te em paz, porquanto juramos ambos em nome do Senhor, dizendo: O Senhor seja para sempre entre mim e ti, entre a minha descendência e a tua."

Atualmente, trabalho em uma empresa, comprei meu apartamento, sou missionária e intercessora. Deus me livrou, pois passei de esquecida a procurada. Líderes comuns são imaturos e não gostam de desafios; líderes normais não fazem história porque vivem de acordo com as circunstâncias. Mas os líderes incomuns são desejados, seguidos, consultados e admirados. Eles não fazem história; eles são a história.

"O céu não é limitado; a porta de acesso está aberta."

Izabel Cristina

BPA. JANAINA MEIRELLES

Sou Janaina dos Santos Meirelles, natural de Macaé, Rio de Janeiro. Sou Bispa e Pastora Presidente da Igreja Assembleia de Deus Tempo de Deus, que possui sede e filiais em todo o Brasil, contando com 21 unidades e um orfanato em Moçambique. Além disso, ocupo o cargo de Vice-Presidente da Câmara Federal de Capelania – CFCAP, Juíza de Paz Eclesiástica, mãe, palestrante e uma das fundadoras do Projeto de Educação por Princípios Bíblicos em Macaé, RJ.

Também sou conferencista e escritora, dedicando-me ao ministério do Evangelho há mais de 20 anos como treinadora e palestrante. Assumo a posição de Coordenadora da Expressão das Nações no Brasil e da Rede de TV Bra Vida, que abrange o Brasil e a França.

bispa_janaina

+55 (22) 98117-9987

Pra Janaina Almeida / assembleiadedeuseldorado2

meirellesjanaina@myyahoo.com

16 SOBREVIVI NO MEU QUARTO DE GUERRA

Por Bpa. Janaina Meirelles

Durante muitos anos da minha vida e da minha experiência de conversão, vivi momentos em que a minha fé em Deus me manteve de pé.

Foram experiências na família, na igreja e nas nações que me tornaram uma mulher que posso dizer que venceu e tem vencido batalhas no quarto onde também chamo de "quarto de guerra" através da intercessão!

Dedico este livro a Deus, em primeiro lugar. Agradeço aos meus filhos Flávia, Raphaela e Paulo Renato, que são meu orgulho, assim como aos meus netos e meus genros Thiago Ferreira, Carlos Henrique e minha nora, Sabrina Nunes. Estendo meus agradecimentos aos meus irmãos sanguíneos e familiares. Além disso, quero expressar minha gratidão a todas as minhas ovelhas e amigos que nos receberam com carinho em suas casas, tanto no Brasil quanto nas nações. Meus agradecimentos especiais aos meus intercessores de longos anos, Bp. Cláudio, Bp. Joice e Pra. Denancy.

Quero dedicar também ao Bispo Valdeci e sua equipe, os quais Deus tem nos guiado para capacitar e treinar Capelães no Brasil e no Exterior. Ao Pr. Ilídio (Presidente da Expressão das Nações), Pr. Brafan (Presidente da TV Bra Vida), e ao Pr. Simão (dirigente das unidades da igreja e do orfanato em Moçambique). Esta conquista também é dedicada aos meus amigos Pra. Mônica Silva e Ap. Erlandes, que me inspiraram a transmitir, por meio deste livro, parte do que aprendi com o Senhor para trazer à existência o sobrenatural. Por fim, expresso minha profunda gratidão à Editora Chave Mestra.

O Milagre de Maria das Graças

Maria das Graças dos S. Azevedo é minha irmã mais velha, enfermeira e mãe de dois filhos. "Gracinha", como a chamamos na família, passou por algumas provações. Naquela época, ainda não tinha tido um encontro com Jesus, embora eu já falasse desse amor incessante.

Em uma noite, enquanto descansava em seu quarto, ela ouviu uma voz falando ao seu ouvido da seguinte maneira: "Coloque álcool no corpo e risque o fósforo, que tudo ficará resolvido", e assim ela o fez. No entanto, sua história não acabaria ali! Deus me prometeu que eu e toda a minha casa serviríamos ao Senhor! Eu conhecia o Deus a quem servia, o Deus que ressuscita os mortos e bastaria uma única palavra dEle.

Então, embarquei em uma das minhas batalhas espirituais: a batalha no meu quarto de guerra pela vida de Gracinha! Aprendi com Deus que certas batalhas só vencemos com jejuns e orações.

Na noite do ocorrido, recebi a notícia de que minha irmã havia atentado contra a própria vida. Fui ao seu encontro no hospital, e ela me relatou o que aconteceu e como foi motivada a fazer tal coisa. O coração dela parou de bater, mas foi reanimado pela equipe médica. Fui informada de que o pior havia acontecido: ela tinha vindo a óbito. Foi nesse momento que profetizei a Palavra de Ezequiel 37 e lembrei ao Senhor das promessas na minha família. Foi quando o coração dela voltou a bater.

Naquele momento, fomos encaminhados ao Hospital Souza Aguiar no Rio de Janeiro, onde a equipe médica que a recebeu informou que as próximas 48 horas seriam decisivas para saber se ela sobreviveria ou não.

Me tranquei no quarto e busquei a face do Altíssimo, iniciando a minha intercessão. Foi quando o Senhor me disse: "Agora, filha, você vai começar a sentir todas as dores de sua irmã". Num primeiro momento, senti a ânsia da morte, o cheiro de carne queimada. Foram momentos tristes e difíceis, onde todos os diagnósticos eram contrários. Eu sempre acreditei! Ainda não sabia se ela sobreviveria. Ela estava desfigurada, sem cabelos, com a pele caindo aos pedaços. Aos olhos humanos, era impossível que Gracinha sobrevivesse.

Os dias foram passando, e Deus foi contrariando a medicina. Minha irmã foi se recuperando. Deus restaurou suas emoções, sua carne, o cabelo cresceu... enfim, ela foi alcançada pela Graça. Inclusive, o milagre foi tão completo que ela teve a oportunidade de ser operada gratuitamente pelo famoso cirurgião Ivo Pitanguy. Tudo isso é resposta de oração e fé. Eu, como sua irmã fisicamente, cuidei de suas feridas humanas, e como sua pastora, auxiliei a curar as feridas de sua alma.

A vitória na vida de Maria das Graças aconteceu porque eu sobrevivi a todas essas batalhas no meu quarto de guerra! Não sucumbi aos inúmeros relatórios médicos desenganando-a! Minha fé em Deus foi maior que qualquer diagnóstico médico! Eu vivi o milagre com minha irmã, resposta de uma das minhas batalhas espirituais e sobrenaturais de Deus.

Gracinha, dentre as suas conquistas, chegou a se casar pela segunda vez, onde amou e foi amada, mesmo após sofrer com queimaduras sérias no corpo. Ela já estava totalmente recuperada. Pôde viver essa experiência de restituição de suas grades de aprisionamentos espirituais. Deus restituiu tudo em sua vida. Hoje, ela é missionária, uma mulher de Deus! Com fé e perseverança, alcancei e vivi o sobrenatural de Deus. No Evangelho de Mateus 6:6, está escrito: "*Mas tu, quando orares, entra no teu quarto...*" E assim termino a história de Gracinha com a seguinte frase: nunca se entregue diante do diagnóstico dos homens! Seu médico é Deus! Creia, Deus vai te curar, restaurar sua família e todas as áreas de sua vida.

A Anulação do Decreto de Morte de Paulo Renato Júnior

Como mencionei, sou mãe de três preciosidades: Flávia, minha primogênita; Raphaela, que ficou surda por conta de uma medicação tomada ainda bebê, a qual matou o nervo auditivo e quase lhe custou a vida; e Paulo Renato da Costa Paes Júnior.

Ainda muito cedo, meus filhos vivenciaram a perda de seu pai. Tive que me reinventar para criá-los. Foram tempos em que minha fé me sustentou. Vivi o sobrenatural de Deus, ensinando-os ainda muito pequenos sobre atos proféticos. Certa vez, quando não tínhamos uma refeição para nos alimentar, pedi que lavassem seus pratos vazios e agradecessem a Deus pela refeição. Mesmo contrariados, eles lavaram, mesmo não estando sujos, pois não havia o que comer naquele dia. Ao terminar esse ato de fé, enquanto os três dormiam, recebi a visita de minhas cunhadas Janete, Maria e tia Lúcia, trazendo uma Kombi repleta de alimentos. Foi nesse contexto de fé que meus filhos foram criados.

Paulinho, como o chamamos em família, era jovem naquela época e estava mergulhado em uma vida que não condizia com a vontade de Deus. Ele tinha amigos influentes no tráfico, e eu, como mãe, estava sempre orando e aconselhando meu filho. Um dia, tive um arrebatamento de sentidos. Vi Paulinho caído no chão, ao lado de uma moto, e seu primo Flavinho vinha me dar a notícia de que haviam sofrido um acidente em Rio das Ostras, no Rio de Janeiro.

Naquele dia, encontrei meu filho e lhe contei da visão. Na época, ele era motoboy. Paulinho recebeu um convite para ir a Rio das Ostras e, mesmo sabendo da visão, ele foi. Ele sofreu um acidente de moto justamente em Rio das Ostras, onde um carro ultrapassou sua moto, ele então bateu ao desviar do carro em sua traseira. O motorista não prestou socorro, mas Deus, que cuida dos seus, enviou um médico. Esse médico fez os primeiros socorros; a perna de Paulinho estava despedaçada e com fratura exposta. Flavinho, que também estava no acidente, teve ferimentos que necessitavam de cuidados. Quem me ligou então para dar a notícia do acidente? Flavinho, meu sobrinho, exatamente como vi na visão.

Paulinho foi colocado na ambulância e levado para o hospital em estado gravíssimo, com fraturas múltiplas, traumatismo craniano e problemas pulmonares. Recebi a ligação fatídica de meu sobrinho relatando o acidente, exatamente como vi na visão. Eu, como mãe, estava aflita, mas como uma mulher de Deus, não podia me entregar! Após a visão, fui para o altar durante trinta dias, buscando que o Senhor mudasse o curso da história!

Ao receber a notícia, me dirigi ao hospital. Os médicos repetiam a todo momento que não sabiam se ele iria sobreviver. Eu acreditava que Deus cumpriria Sua promessa e eu veria meu filho no altar do Senhor como um grande pregador de Sua Palavra. Em meio a todo o sofrimento, me agarrei ao Senhor. Um dia, ajoelhei louvando no CTI, profetizando sobre a vida dele, com amigos orando e revezando para cuidar do meu filho. Ungíamos ele todos os dias, com o apoio total da igreja, minhas irmãs, Iara, Lucinha, Gracinha, Fabiano, Wanderly, Wanderlei, Vadinho, Gualter *(in memoriam)*, e seus irmãos Kelvin, Flávia e Raphaela, que foram incansáveis.

Em um desses dias, recebi a notícia da equipe médica de que eu deveria me preparar para o pior. Disseram-me para comprar o caixão e resolver a papelada, pois fariam os exames para constatar a morte encefálica. Ele só tinha 1% de chance de vida. Estava clinicamente morto, só precisavam constatar. Fui procurada pela comissão de doação de órgãos para autorizar, se possível, a doação. Mas Deus interveio com poder e realizou um milagre na vida dele.

Paulinho é pai de Isaac, diácono, está cursando Teologia e dedicando-se a Deus! Recentemente, meu filho teve uma de suas maiores experiências com Deus. O decreto de morte de Paulinho foi anulado, com o sacrifício de uma mãe intercessora que crê no poder da fé, da palavra, do conhecimento e, claro, da oração. Não houve óbito, Aleluia!

Eu não sei o que você está vivendo. Se há alguém de sua família desenganado pela medicina, não desista! Você aceita a sentença dos homens, ou persevera em oração até que o seu milagre seja chamado à existência?

Milagre em terras estrangeiras – Sobrevivi em missões na cadeia espanhola

Viajei em missões para cerca de 14 países, muitas vezes sem recursos, confiando na provisão divina. Chegando no continente europeu, em Madrid, estava a caminho da Alemanha para pregar em uma conferência.

Na imigração, fui retida, pois acreditaram que eu poderia ser uma terrorista. Passei por momentos de extrema tensão, sendo levada a uma prisão para interrogatório. Minha situação estava complicada. Ao chegar à cela, um episódio bíblico me veio à mente: Paulo e Silas na prisão. Foi então, na prisão, que eu e o Pr. Carlos, que estava comigo, oramos ao Senhor, adoramos a Ele e profetizamos. Determinamos que, assim como aconteceu com Paulo e Silas, também aconteceria conosco. Exatamente à meia-noite, como na história bíblica, os policiais que nos prenderam vieram nos soltar. Foi ali que eu e todos que estavam aprisionados fomos libertos.

“O impossível só existe até que você entre na presença de Deus e apresente a Ele a sua causa.”

Bpa. Janaina Meirelles

KETROLIN ELENA

Sou Ketrolin Elena, natural de Santo André, São Paulo, e atualmente resido em Primavera do Leste, Mato Grosso, ao lado da minha abençoada família. Sou casada com meu esposo Márcio há 17 anos, e temos uma filha chamada Emilly. Atualmente, exerço o meu chamado profético, no qual ensino as pessoas a ouvirem a voz de Deus e a superarem traumas, por meio do encontro com o Espírito Santo, recebendo a cura e a libertação que tanto anseiam.

Minha jornada nem sempre foi assim. Tive que superar desafios significativos, incluindo a batalha contra o câncer, da qual fui curada pelo Espírito Santo. Além disso, tenho formação em Estética e Imagem Pessoal, e já atuei como cozinheira, servindo pessoas. No entanto, hoje, minha maior aspiração é fazer a vontade de Deus, me tornando um canal para ajudar outras pessoas a viverem o sobrenatural.

ketrolin_elena

+55 (66) 99989-3954

ketrolin Elena

ketrolinelena@gmailcom

17 DEUS NÃO SE ESQUECE DAS PROMESSAS QUE FAZEMOS A ELE

Por Ketrolin Elena

Todos nós devemos ter cuidado ao fazer promessas a Deus. Há momentos em que enfrentamos desafios e buscamos respostas em pessoas, coisas ou na medicina, mas não encontramos a solução e acabamos agindo na ignorância, que é a ausência da luz da Palavra. Deus permitiu que certas situações ocorressem em minha vida para que o Seu propósito se cumprisse.

No ano de 2000, recebi a triste notícia de que estava com câncer, o que trouxe um grande abalo para a minha família. Nós não éramos cristãos, até que minha mãe conheceu uma igreja e ali ouviu falar de um Jesus que cura doenças. Em meio a esse momento tão difícil, fiz uma oração e disse: "Jesus, se o Senhor me curar, a minha vida será entregue a Ti, e eu me batizarei." A cura foi instantânea e sobrenatural. Os caroços desapareceram imediatamente, e os médicos não conseguiam acreditar, repetindo os exames inúmeras vezes.

Jesus cumpriu a Sua parte e, em 2002, fui batizada nas águas, recebendo também o batismo com o Espírito Santo. Entretanto, com o tempo, acabei me afastando devido à falta de profundidade na minha relação com Deus. Comecei a viver no modo automático, como se estivesse apenas cumprindo uma obrigação. Todo domingo frequentava a igreja e me sentia bem, mas algo estava faltando.

Os anos passaram, e em 2006, me casei e fui morar em uma fazenda no estado do Mato Grosso. A vida me abençoou com o casamento e a maternidade, que são dádivas maravilhosas. No entanto, apesar de todas essas bênçãos, o vazio ainda persistia. Na realidade, eu só me aproximava de Deus quando desejava algo Dele.

Anos se passaram, e em 2018, me vi mergulhada na depressão, com minhas finanças em ruínas, meu casamento se desmoronando e cicatrizes de traumas do passado. Nesse momento sombrio, questionamentos começaram a brotar em mim, e a sensação de não ter mais sonhos me consumia.

Foi então que um dia resolvi ligar para um pastor e compartilhar com ele tudo o que estava passando. Sua resposta foi simples e profunda: "Ame a Jesus." Diante disso, ousei perguntar a Jesus se era possível esquecer tantos problemas e amá-Lo. Eu não O conhecia verdadeiramente naquela época.

Para minha surpresa, Ele respondeu com uma voz audível. Essa experiência foi incrível e transformadora. A voz de Jesus quebrou paradigmas e marcou profundamente a minha vida, porque, através dela, encontrei novamente a alegria e o sorriso.

A voz de Deus me atraiu de uma maneira profunda, e eu passava horas em Sua presença. Comecei a desenvolver uma intimidade com o Espírito Santo, e Deus começou a me revelar sonhos e visões que indicavam áreas em que eu precisava ser liberta. Esse foi o início de um processo significativo em minha vida.

Nesse caminho, foi necessário ter perseverança e fé. Eu via manifestações de espíritos malignos e, ao mesmo tempo, Deus me guiava de volta ao passado, revelando traumas e feridas que estavam agindo em minha vida. Conforme o tempo passava, meus sonhos se multiplicaram, e eu comecei a trilhar o plano de Deus para minha vida. Aprendi que os sonhos eram a maneira de Deus falar comigo e, ao longo desse processo, desenvolvi a habilidade de ouvir Sua voz em meu espírito.

Como morava em uma fazenda e não tinha o hábito de frequentar uma igreja, entendi que era na presença de Deus que Ele me acolhia, me libertava, me ensinava e me exortava. Foi nesse tempo que Ele me deu chaves, ferramentas e estratégias sobre como agir em diferentes situações. Deus também me conectou a um profeta que continua me ensinando até hoje.

Com o tempo, comecei a compreender que estava sendo treinada pelo Espírito Santo, embora não soubesse exatamente para quê. Nesse período, ouvia a voz de Deus de forma nítida, me chamando de "minha profetiza".

Mesmo com todas essas experiências, por vezes, eu questionava a sanidade disso tudo, então pedi a Deus para enviar profetas que confirmassem Sua palavra. Ele atendeu ao meu pedido, e através de sonhos, recebi dons e fui instruída sobre a batalha espiritual.

Enfrentei inúmeros testes enviados por Deus. Muitas vezes, desejei uma revelação direta de um profeta, mas não a obtive. Como não podia frequentar uma igreja e não sabia como permanecer firme espiritualmente, tive que confiar completamente em Deus.

Hoje, agradeço a Deus por tudo o que passei, porque entendo que foi necessário. Dediquei minha vida e todos os meus sentidos ao governo e senhorio do Espírito Santo, para que Jesus seja glorificado por meio da minha jornada.

Deus me colocou em um lugar que eu inicialmente não queria estar, pois parecia estar na contramão de tudo o que Ele havia me prometido. Mesmo assim, escolhi obedecer. Nesse lugar, eu passei por um novo nível de aprendizado, uma espécie de faculdade espiritual.

Aprendi o que significa servir, enxergar com os olhos de Deus e passei a compreender que Ele tinha um propósito específico naquele local. Fui desafiada a interceder por pessoas, a amar aqueles que não nos amam e a representar a Deus em um ambiente marcado pela incredulidade.

Para cumprir essa missão, tive que me revestir de fé e determinação. Tive experiências marcantes com anjos, e Jesus operou milagres nesse lugar. Com a graça de Deus, venci os desafios. Ele me honrou e, após quase dois anos, quando eu já havia me acostumado àquele ambiente.

Enquanto eu estava naquele lugar, pessoas começaram a entrar em contato comigo, buscando orientação, interpretação de sonhos, até líderes de igrejas pedindo uma palavra ou orações. Era confuso para mim, pois muitas dessas pessoas nem me conheciam, e eu não era amplamente reconhecida nas redes sociais. Recebia mensagens pelo YouTube, embora meu conteúdo ali fosse mais antigo.

Como mencionei antes, eu havia entregado tudo no altar de Deus e estava obedecendo à Sua voz, acessando o que Ele tinha para mim. Sabia que se permanecesse naquele lugar, estaria apenas sobrevivendo, pois a presença

Dele já não estava ali. Com a sensibilidade e os sonhos que recebia, entendi que era necessário partir, embora muitos não compreendessem minhas ações.

Quando Deus nos pede algo, muitas vezes transcende a lógica humana e pode parecer loucura aos olhos de muitos. Quando olhei para trás, percebi o quanto Deus havia me amadurecido e transformado. A dor que enfrentamos nos faz crescer e amadurecer.

Essa experiência aumentou minha sede e busca por Deus, tornando-a mais intensa. Sempre ansiava por ouvir a revelação do dia e entender o que Deus desejava de mim. A voz de Deus ecoa dentro de nós, dissipando todos os medos e limitações, no permitindo caminhar no Espírito Santo.

Andar no Espírito é caminhar no poder Dele. Não se trata mais de simplesmente beber água de um poço isolado; ser cheio do Espírito é como se tornar um rio que flui e transborda.

Eu experimentei e vivo no sobrenatural com Deus. Fui curada do câncer sem sequer conhecer Cristo profundamente, apenas ouvindo falar que Ele poderia me curar. Hoje, vivo essa experiência sobrenatural todos os dias da minha vida.

Acessar uma dimensão espiritual onde experimentamos a eternidade é uma bênção. Passar horas com Ele não é um fardo ou um protocolo, mas sim uma honra. É como sentir Sua presença, mesmo sem vê-Lo, e entender que é Ele quem escolhe a dança e nos ensina os passos.

Entendi que o maior sucesso do ser humano é ouvir a voz de Deus. Ele planeja um cenário e nos prepara para estar nesse cenário. Não vivemos apenas pela força de nossos braços, mas caminhamos no poder do Espírito Santo.

É importante entender a motivação por trás da busca por cura ou conquista. Para que você deseja a cura? Para que busca uma conquista? Quero que todos compreendam que é muito diferente ser curado ou receber uma bênção sem realmente conhecer o dono da cura, o dono do ouro e da prata.

Haverá momentos em que Deus nos colocará na contramão do que esperamos. Grandes homens e mulheres de Deus enfrentaram esses testes. Tudo o que você precisa é compreender a revelação do tempo em que está vivendo e entender que a renúncia traz autoridade.

Quando caminhamos no profético, conseguimos avançar mais rapidamente em direção ao que Deus tem para nós. Meus queridos, não ignorem os sonhos, pois eles são a voz de Deus. Não apenas busque a interpretação, mas também obedeça à direção. Lembre-se de que a interpretação pertence a Deus.

Muitos de vocês tiveram sonhos que marcaram suas vidas, mas não conseguiram compreendê-los até hoje. Alguns de vocês até sonharam com seu propósito e chamado. Deus fala conosco de várias maneiras, sendo a Palavra a principal delas, mas também por meio de sonhos. Foi por meio desses sonhos que pude seguir a direção de Deus.

Continue a cavar esse poço e você encontrará esse manancial de águas profundas. O segredo está em permanecer nesse lugar secreto. Quando Deus começa a revelar Seus segredos para você, não os ignore, pensando que seja algo da sua imaginação ou impossível para você. Não olhe para sua realidade atual, sua origem, condições ou se alguém não acreditou em você.

Registre seus sonhos em uma agenda e cuide deles como se fossem um jardim. Minha oração é para que você encontre esse lugar secreto, não apenas um lugar de oração, mas um local onde você dirá a Deus: "Não me deixe sair daqui."

Profetizo que você avançará e que todas as palavras lançadas contra a sua vida estão canceladas, em nome de Jesus. Que você ative essa fome por descobrir as coisas ocultas de Deus. Que Deus te abençoe em nome de Jesus.

“É Ele quem escolhe a dança e nos ensina os passos.”

Ketrolin Elena

MADALENA BRITO

Sou Madalena Brito, filha amada de Deus. Meus pais, Febrône e Maria, foram meus maiores incentivadores ao longo de minha vida pessoal e ministerial, a qual conquistei com muito esforço e criatividade. Fui criada em uma comunidade bem carente e escassa, mas isso não me impediu de sonhar e acreditar que eu poderia muito mais, motivo de sempre superar os obstáculos e situações que a vida colocava em meu caminho.

Na minha adolescência, fui privilegiada em conhecer a Cristo, e confessá-Lo como senhor da minha vida! Com 26 anos, recebi meu chamado ministerial como pastora! Vendo as necessidades emocionais das pessoas, passei pelo processo de formação em Coaching Integral Sistêmico (analista de perfil comportamental e palestrante) e, atualmente, curso Neurociência e Comportamento Humano na faculdade Febracis, com conclusão prevista para setembro de 2024.

madabrito.cva

+55 (31) 99145-1417

mariamadalenadebritoo@gmail.com

18

MILAGRE NÃO MORRE

Por Madalena Brito

Nasci em Belo Horizonte/MG. Sou de uma família grande, num total de dez irmãos, então tudo era motivo de festa. Eu sou a sétima dos meus irmãos. Meus pais sempre se desdobravam nos trabalhos para nada faltar em nossa casa. Éramos supridos, e ainda criança vivenciei meu primeiro sobrenatural. Eu e meus dois irmãos mais novos brincávamos em um quarto da casa. Era sábado de manhã com muita chuva quando um barranco caiu em cima da nossa casa e ficamos soterrados. Ali debaixo dos escombros eu senti Deus nos abraçando, quando minha irmã Maria da Graça arrebentou a porta para nos resgatar. No meio daquele movimento, com alguns vizinhos nos ajudando, me lembro que meu pai chegou da rodoviária com passagens. Ele e dois irmãos estavam indo para o Rio de Janeiro realizar um trabalho. Meu pai disse: "Agora, mais do que nunca, temos que ir!". Mas, graças a Deus, tudo se ajeitou.

Eu sonhava, quando crescer, proporcionar um conforto para os meus pais. Graças a Deus, consegui realizar esse sonho! Não tem como narrar aqui todos os livramentos e cuidados que Deus deu a mim e a minha família. Sempre fui muito família e presente na vida de todos. Mas, em 2015, infelizmente, meu pai foi acometido de Alzheimer, o que perdurou por cinco anos, e, apesar de tudo, havia um afago para mim, pois a única voz que ele lembrava e que conseguia tirar ele da inércia era a minha. Ele me chamava de minha menina! Ele partiu para o Senhor com seus 90 anos em 2021. Hoje, minha mãe tem 90 anos com uma fé inabalável. Aos 79 anos, superou um câncer; depois, sobreviveu a um infarto, com três pontes de safena; sem contar mais algumas coisas que pela idade acontece. Eu sempre cuidei diretamente deles, pois por doze anos fui técnica de enfermagem. Viver o sobrenatural de Deus é quando em meio todos esses acontecimentos você encontra motivo para continuar a seguir e prosseguir servindo ao Senhor e encontra motivos para sempre ser grata a Deus. É ajudar e contribuir na vida da membresia, na liderança, entre outros.

Iniciei meu primeiro trabalho como técnica de enfermagem e por doze anos vivenciei uma das mais grandiosas experiências da minha vida.

Que missão maravilhosa o Senhor me concedeu! Aquele hospital foi meu campo missionário, com dezenas de almas, tanto pacientes quanto funcionários. Com esse mover do Espírito Santo, iniciei a teologia. Me tornei uma pastora na igreja do Evangelho Quadrangular. Deus me preparou para algo maior. Me tornei coordenadora de impactos de missões no estado de Minas Gerais. Foi extraordinário o agir de Deus, e tudo isso só foi possível graças à grande equipe que quero honrar aqui, ressaltando a importância dessas pessoas incríveis que estiveram comigo. Sem elas, teria sido muito difícil. Mais uma vez, fui agraciada por Deus pelo impacto que levava às pessoas, famílias. Através do Evangelho pleno, iniciei treinamentos de evangelismo para despertar obreiros e, juntos, realizarmos a missão de ganhar almas, treinar e enviar. Foi algo tão magnífico que houve uma explosão de missões não somente em Belo Horizonte, mas em todo estado de Minas Gerais. Foram tempos preciosos de crescimento e multiplicação espiritual. Os trabalhos tomaram uma proporção gigantesca. Realizávamos grandes conferências e centenas de missionários foram treinados. Ocorreu um fortalecimento em liderança inexplicável. Verdadeiramente, Deus estava no controle de tudo que fazíamos. Contemplei e vivenciei a promessa de Isaías 61:1: "O Espírito do Senhor Deus está sobre mim; porque o Senhor me ungiu, para pregar boas-novas aos mansos, enviou-me a restaurar os contritos de coração e a pregoar o ano aceitável do Senhor".

Anos se passaram, e o mover de Deus nos envolvia de um modo que sempre parecia que era a primeira vez. Mas todo excesso causa danos, e como somos seres humanos, temos nossas limitações e fragilidades, e assim começaram os sinais de algumas disfunções emocionais e corporais. Infelizmente, entrei no automático, e, por excesso de realizações, passei por grandes vales e desertos, dores e humilhação, mas em todos eles o Senhor estava comigo. A boa mão do Senhor sempre me susteve, mas, ao longo dos anos, sem perceber, eu me vesti de uma armadura e me tornei a mulher-maravilha perfeita e forte. Ajudava a todos e fazia tudo e um pouco mais. Eu me perdi em tantos projetos, trabalho e família e queria ser fiel à missão a mim confiada. Esqueci de mim, dos meus sonhos, da minha saúde e perdi a minha identidade, a minha essência! Quando fica tão pesado é porque estamos fazendo na força do nosso braço. Eu me tornei trabalho e treinamentos, até que em 2019 passei por mortes inesperadas na família, vivendo agora o luto e tentando me encontrar em tudo isso.

Declaravam os Salmos 118:17 "Não morrerei, mas viverei, e contarei as obras do Senhor". Não sei se você já se viu cercado da morte em todos os lados, mas houve um momento em que Jó foi minha referência. Pensava: Como ele conseguiu perder tudo e todos? E com os olhos sempre nAquele que pode e que faz tudo que pedimos ou pensamos, vivenciei, diante de tantas perdas, calúnias e difamação vários questionamentos e indecisões, e, como resultado dessas circunstâncias, passei por um procedimento cirúrgico.

Naquele bloco cirúrgico, fui tomada pela dor, medo e constrangimento. Ali senti Deus silencioso, sabendo que, quando Ele cala, é porque está trabalhando. Eu não consegui perceber, mas naquele dia Deus começou a mexer com minhas estruturas. Me lembrei de chamar por socorro. "Clama a mim e responder-te-ei e anunciar-te-ei coisas grandes e inacessíveis que não sabes" (Jeremias 33:3).

Foram semanas de recuperação e com um temor extremo pensando onde Deus ia mexer. E foi exatamente naquilo que era excesso em minha vida. Foram-se os títulos; a posição social e outras coisas. Sou grata a Deus, pois só assim eu posso reviver de novo. Não precisa de posição para ser usada por Ele, pois ainda no ventre de minha mãe Ele já me havia escolhido!

Ganhei de presente um livro de uma amiga psicóloga. entendi que era um *feedback* [o cavaleiro preso na armadura], e assim como aquele cavaleiro precisou fazer uma jornada para se resgatar, eu também iniciei a minha jornada respeitando cada processo. Reconheci minhas crenças negativas de não merecimento, não pertencimento, vícios emocionais, muita disfunção emocional, entendi que o orgulho não me permitia aceitar os *feedbacks* da vida e das pessoas. Assim também não me permitia ser sensível e demonstrar meus sentimentos. Para receber cura nessa jornada, iniciei uma imersão de emoções saudáveis e inteligente. A inteligência emocional me trouxe grandes ganhos e cura. Nessa jornada, consegui restaurar minha identidade e acreditei que eu poderia tirar a minha melhor versão. E se eu consegui, você também consegue! Basta acreditar e fazer a jornada com humildade, coragem e persistência!

Com uma identidade restaurada, contínuo em minha missão do pastoreio e, hoje, também ajudo pessoas alcançarem seus ideais, tirando seus sonhos do papel com uma visão maravilhosa que o Senhor me presenteou. Ele me revelou três siglas para essa nova jornada: C.V.A.

COMUNICAÇÃO

Nossa comunicação é verbal e não verbal, comunicamos com palavras, com os pensamentos, postura e ações. Provérbios 23:7: "Assim como o homem pensa, ele é". Assim como podemos pensar uma vida abundante de sucesso ou uma vida medíocre de fracasso, assim se torna. Filipenses 4:8: "Quanto ao mais, irmãos, tudo que é verdadeiro, tudo que é honesto, tudo que é justo, tudo que é puro, tudo que é amável, tudo que é de boa fama, se há alguma virtude e se há algum louvor, nisso pensai". Eu só falo aquilo que acredito. Nossas palavras são os nossos pensamentos, e com a boca nós abençoamos ou amaldiçoamos, e os resultados são palpáveis.

Qual tem sido a sua comunicação? De vida ou de morte?

VISÃO

Fé é trazer à existência as coisas que não se vê e que ainda não existem. Ezequiel 37: "Quando o Senhor perguntou: acaso filho do homem podem esses ossos secos reviver, ele disse: Senhor Deus, Tu o sabes!". Ele viu o vale de ossos sequíssimos, mas não ousou verbalizar o que via, muitas vezes antes mesmo de o Senhor nos perguntar. Já falamos que aquilo é impossível de acontecer. Não tem jeito, não vai dar certo, não consigo. Ezequiel aguardou a orientação de Deus! O senhor disse: Profetiza para que vivam. Então ele começou a verbalizar o que foi gerado em seu coração, e enquanto Senhor dava a instrução, ele visualizava com os olhos da fé. Uma visão palpável agora no poder das palavras.

Qual tem sido a sua visão? Só enxerga o natural? Ou consegue ver vida no meio da morte?

AÇÃO

Ezequiel começou a andar e a agir em direção ao vale, acredito que ele estendeu as mãos e agiu conforme as orientações de Deus. Quando esperamos a orientação divina, podemos agir, pois o sucesso é garantido. E lá estava diante dele um grande exército de pé! Assim o Senhor me levou a comunicar ao vale dos ossos secos que está em nossa nação brasileira, nas famílias, nas escolas, enfim, **comunica** profetizando! Tenha uma **visão** positiva de futuro! **Aja** diante das circunstâncias amando, perdoando, ajudando ao próximo e sendo totalmente dependente de Deus e do Espírito Santo! Você vai enxergar vida, possibilidades e verá a transformação emanar em sua vida.

Você está agindo no comando de Deus? Ou na sua própria vontade? Qual ação você ter a partir de hoje?

Acredite: a vida que você leva hoje é resultado das palavras que você profere, independentemente da sua intenção (palavras são sementes. Uma vez lançadas, elas não ficam ao vento, acham um solo fértil, para o bem ou para o mal).

O que fazer para não ser refém das próprias palavras? Romanos 12:2: "Não se amoldem ao padrão deste mundo, mas transformem-se pela renovação da sua mente, para que sejam capazes de experimentar e comprovar a boa, agradável e perfeita vontade de Deus".
Mente renovada, vida transformada.

Renove sua mente através de sua comunicação, de sua visão e de suas ações.

Entenda que se não formos totalmente dependentes de Deus, podemos viver em uma montanha-russa, tudo volta ficar disfuncional e acabamos nos perdendo do propósito pelo qual o Senhor nos chamou. Cuidado com as distrações, elas podem fazer você parar no meio do caminho, e hoje são inúmeras. Podem ser rede sociais, televisão, séries, relacionamentos disfuncionais, pensamentos tóxicos, estar com pessoas tóxicas em ambientes que não te agregam em nada, assim você vai conseguir realizar com quantidade e qualidade, isso são princípios e ensinamentos baseados na Palavra de Deus.

Filipenses 4:13: "Posso todas as coisas nAquele que me fortalece". Toma posse de quem você é, filho de Deus, herdeiro, e como herdeiro em Cristo você pode, porque o Senhor te fortalece. Essa jornada mudou totalmente a minha vida, meu caráter está me levando a um nível que nem pensava ser possível. A jornada não termina, os processos que vivemos serão de acordo com o propósito do Pai e, segundo nossas debilidades, Ele permite o processo para forjar nosso caráter. Não tenha medo. Te convido: vem comigo! Mergulha nessa imersão e viva sua metamorfose!!!

Mente renovada! Vida transformada, metamorfose alcançada!
Como está sua vida hoje?
Você está vivendo uma vida abundante?
Prepare-se! Tenha coragem para se reinventar.
Reflita!
O que você vai fazer a partir de hoje em relação a sua comunicação?
Qual resgate você precisa fazer de você mesmo?
Você precisa tirar tempo de qualidade / tempo com você mesmo.
Você precisa perdoar para prosseguir!
Peça perdão! Perdoe-se! Libere perdão. Só assim você estará livre para prosperar e viver uma vida abundante com plenitude!
Caro leitor, lembre-se: assim como Deus foi comigo, Ele será com você, apenas creia!!!

“Mente renovada! Vida transformada. Através do perdão eu alcancei a vida abundante e a plenitude.”

Madalena Brito

MARDIEL SANTANA

Sou Mardiel Santana, nascido na Bahia e residente no Rio de Janeiro com minha família. Sou casado há 33 anos com Rosemari, com quem tenho dois filhos, Gabriel e Daniel. Formado em Teologia pela Faculdade Teológica da Pavuna e doutor *honoris causa* pela Universidade de Bossei no Brasil, sou pastor presidente na Missão Batista Mundial.

Um grande testemunho de um verdadeiro milagre que Deus realizou na minha casa é a cura da minha esposa após permanecer quatro anos em coma e ser submetida a 16 cirurgias na cabeça. Todo esse doloroso processo que enfrentamos e tudo o que o Senhor tem feito por nós estão registrados no livro "O poder da perseverança".

A fim de contar a nossa história e glorificar o nome do Pai,temos viajado por todo o Brasil e diversos outros países. Nessas ocasiões, muitas vidas têm sido alcançadas pelo poder do Evangelho.

mardielsantana

+55 (21) 9690-6289 / +55 (21) 97517-2905

mardiel.santana

mardiel_santana@hotmail.com

19 CERTEZA DA VITÓRIA

Por Mardiel Santana

Tudo que tem acontecido na minha vida, sem dúvidas, deve-se à fé que tenho em Cristo; do contrário, tanto eu como minha esposa, Rosemari (a quem chamo, carinhosamente, de Mere), não teríamos resistido. Sim, o Senhor tem sido a razão e o sustento de nossa existência, em todos os sentidos. Nos conhecemos na juventude, e nosso casamento foi muito feliz e próspero nos primeiros anos. A vida corria bem; e com o passar do tempo, a paixão juvenil que nos unira havia dado espaço a um amor mais maduro. Assim, a chegada do nosso primeiro filho, Gabriel, foi uma etapa natural da vida. Contudo, o menino veio ao mundo com uma grave anomalia congênita na mandíbula que demandaria cirurgias e um doloroso processo de reconstrução. Embora fôssemos, até então, cristãos de linha mais tradicional e conservadora, fomos surpreendidos pela milagrosa ação de Deus na vida do nosso filho, por meio da oração de um casal que não conhecíamos e que veio à nossa casa, especificamente, para interceder ao Senhor por uma cura completa.

Eu ainda não sabia, mas aquela nova dimensão de uma relação com Deus profunda e verdadeira seria fundamental diante do que estava para acontecer. É impressionante como, em determinadas épocas de nossas vidas, as coisas vão se sucedendo sem que tenhamos tempo para nos recuperar das lutas enfrentadas ao longo da caminhada. Pois foi justamente em um momento em que experimentávamos um período de prosperidade, que minha esposa começou a se queixar de dores de cabeça. A princípio, julgamos que o desconforto era causado por uma dessas enfermidades corriqueiras, como enxaqueca ou deficiências hormonais — contudo, com o passar do tempo, as dores se acentuaram progressivamente.

Mere começou a sofrer também de tonturas e até desmaios. Preocupados, procuramos o auxílio de especialistas. O médico ficou inseguro em relação ao resultado de uma tomografia craniana, e nos pediu tempo para emitir o laudo. Todavia, nos adiantou que o problema poderia ser uma hidrocefalia. Nesse período, nosso filho Gabriel já tinha um ano e nove meses e, como toda criança dessa idade, era extremamente dependente da mãe, o que aumentou ainda mais nossa angústia. Porém, na mesma época, uma serva do Senhor foi usada para dizer que aquela não seria uma enfermidade para morte. Nos dias que se seguiram, entretanto, a dor de cabeça não cedeu; ao contrário, piorou ainda mais. Mere, que sempre tivera boa saúde, já nem conseguia mais exercer sua profissão de professora de que tanto gostava. Muito fraca e debilitada, precisou ser transferida em uma ambulância. Às portas do Natal, ocasião de tanta alegria e esperança, lá estávamos nós indo rumo a um destino desconhecido e amedrontador. Quando Mere chegou ao hospital, já havia uma equipe de neurocirurgia a esperando. Uma longa batalha estava por vir.

Pouco antes de ela passar pela primeira cirurgia, abri um texto da Palavra de Deus. Era o Salmo 118, que fala sobre a confiança que devemos ter no Senhor. Um dos versículos diz: "Melhor é buscar refúgio no Senhor do que confiar no homem". Mais adiante, a Escritura dá uma injeção de fé naquele que crê: "Não morrerei; antes, viverei e contarei as obras do Senhor". A cirurgia durou cerca de quatro horas, que para mim pareceram uma eternidade. Poucos dias depois, ela entrou em um quadro de convulsões com perda do controle das funções e revirando os olhos. O plantonista veio correndo e disse que o quadro era muito grave, com sério risco de morte. Mere foi operada às pressas e, então, entrou em coma. Seguiram-se diversas cirurgias, sem melhora alguma. Eu já quase não punha os pés fora do hospital. Havia muita gente em oração por nós; entretanto, a equipe médica foi honesta ao dizer que o estado dela era irreversível. Minha esposa estava condenada a uma vida vegetativa, dependendo de ajuda externa para as funções mais básicas.

Quando saiu do hospital, inconsciente, montei um mini-hospital dentro de casa, a fim de que Mere pudesse receber o melhor tratamento possível dentro de suas condições. Contratei duas enfermeiras, duas fisioterapeutas e uma fonoaudióloga. Desnecessário é dizer que tamanha estrutura consumiu todos os nossos recursos financeiros. Um dos maiores neurocirurgiões do país a examinou e disse que nada podia fazer, porque o cérebro estava severamente comprometido.

No vale da sombra

Os primeiros dias de coma se passaram rapidamente; logo se transformaram em semanas e meses. Eu lutava contra o desânimo, me agarrando na fé e no conforto que recebia por parte de familiares, amigos e irmãos da igreja. Entre 1995 e 1998, Mere permaneceu em estado vegetativo a maior parte do tempo. Até houve alguns períodos de melhora, como certa ocasião em que até pudemos tirá-la do leito e colocá-la em uma cadeira de rodas. Contudo, logo a hidrocefalia voltou a se manifestar, desencadeando em novas cirurgias intracranianas. Eu já suspeitava que, para além da gravidade do caso, algo estava sendo feito de maneira errada pelos médicos. Mas a minha fé, que outrora fora tão vacilante, estava agora inabalável. Eu sabia que a Palavra de Deus é verdadeira — ela afirma que o Senhor não é homem para mentir, e nem filho de homem para voltar atrás em sua palavra. Logo, me firmei na promessa de sua restauração.

Nesse meio tempo, recebi várias mensagens do Senhor dando conta de que seria um ministro do Evangelho e que deveria me preparar para isso. Mas, como pensar em algo, quando estava diante de uma pessoa a quem eu tanto amava e que dependia de mim 24h por dia? Mesmo assim, consegui condições muito facilitadas para estudar e ingressei no seminário teológico. Tudo estava contra mim; eu precisaria de uma ajuda realmente sobrenatural, porque, humanamente, aquele projeto era impossível. Mas, assim como Deus usou várias pessoas para alicerçar minha fé, enviou também muitos irmãos que confirmaram minha vocação pastoral. Então, segui em frente, pois tinha a certeza de que o Senhor estava no controle.

Eu só podia confiar na provisão do Senhor. Estando desempregado, tentei abrir uma empresa no ramo de transportes — porém, a colisão de um ônibus destruiu a Kombi que eu comprara para trabalhar. Pior ainda foi quando nossa casa pegou fogo. Eu estava fora e os bombeiros demoraram muito a chegar. Por um milagre, o pessoal da vizinhança conseguiu retirar Mere no meio da fumaça e a levaram para a casa ao lado. A pessoa que me era mais preciosa fora salva das chamas, mas o resto se perdeu. E agora, o que fazer? Não tinha mais casa. Onde eu iria morar? Onde acomodaria Mere, com todo o aparato de que ela necessitava?

Senti o chão sumir debaixo dos meus pés. Nem sei do que seria capaz caso não tivesse Jesus no coração. Mesmo nas horas em que atravessamos o vale da sombra da morte, o Senhor está conosco. Uma enfermeira que cuidou da minha mulher ofereceu a garagem de sua casa para nos acomodar. Embora aquela ideia me constrangesse, não tive alternativa, senão aceitar. Então, nos ajeitamos como pudemos e seguimos em frente.

Neste período do coma, a família da Mere me procurou, reconhecendo que ela não voltaria mais a vida normal, e me liberando para que a devolvesse e assim eu pudesse seguir minha vida, mas um dia, no altar do Senhor eu havia feito uma promessa que permaneceria ao lado dela na alegria, na tristeza, na riqueza ou na pobreza, na saúde ou na doença, então eu rejeitei aquela proposta e me mantive fiel à promessa que fiz a ela diante do Senhor naquele altar.

Promessa cumprida

Eu me firmava cada vez mais no Senhor, pois ele havia me feito uma promessa. Porém, a vitória estava condicionada a um ato de obediência — que eu perdoasse os médicos, embora estivesse convicto de que o agravamento do estado de saúde de minha esposa se devia a erros seu tratamento. Por isso, cheguei a abrir um processo judicial contra as equipes que a atenderam e o hospital, entendendo que uma compensação financeira seria necessária para reiniciarmos a vida e servir como advertência para que novos erros não fossem repetidos em outros pacientes. No entanto, o Senhor enviou um pastor à minha casa com um recado de Deus: eu deveria perdoar os médicos e desistir da ação para que, no dia da minha formatura no seminário, Mere entrasse ali andando comigo, para a honra e glória do Altíssimo. E foi o que fiz, renunciando à justiça dos homens e confiando, unicamente, na do Senhor.

E, de fato, aquela promessa, feita contra todas as circunstâncias aparentes, se cumpriu — e de maneira inusitada. Depois de quatro longos anos em coma, minha esposa entrou em convulsão e estava perdendo os sinais vitais. Eu não queria vê-la morrer; por isso, fui para a parte de cima, na cozinha, onde dormia, e ali, debruçado, o Senhor falou comigo: "Eu não lhe dei espírito de covardia, mas de ousadia. Não é você que vai desistir e fugir; quem vai desistir e fugir é ele". O Senhor se referia a um espírito de enfermidade que estava sobre minha esposa e Deus estava me dando autoridade, naquele momento, para cumprir sua promessa.

Então, desci e repreendi aquele espírito imundo de enfermidade e morte. Após ordenar sua libertação em nome de Jesus, Mere voltou à vida. Desde então, e contrariando todos os prognósticos, seu quadro evoluiu de maneira positiva e, após dezesseis cirurgias encefálicas e sem qualquer prognóstico de reabilitação, o Senhor a colocou de pé, exatamente conforme prometera. Deus deu um novo cérebro para minha esposa, nos restituiu tudo e ainda nos presenteou com um segundo filho, Daniel — mais um milagre para coroar nossa história. Hoje, Mere vive uma vida completamente normal, desfrutando de saúde e ao meu lado, cumprindo nosso chamado ministerial. Por sua misericórdia e graça, o Senhor tem nos abençoado rica e abundantemente!

"Deus não impede
que enfrentemos
processos
dolorosos; mas,
Ele garante
a vitória se
permanecermos
firmes até o fim."

Mardiel Santana

MARIA LUIZA OLIVEIRA

Sou Maria Luiza Oliveira, natural de Recife, Pernambuco, e resido em Distrito Federal, Brasília, com minha linda família: meu amado esposo Philipe, com quem sou casada há 7 anos, e meus filhos Alice, Daniel e Catarina, que está a caminho.

Sou pastora da igreja do Nazareno, cuido da juventude e da parte espiritual do ministério artístico da minha igreja local. Fiz 4 anos do curso de Psicologia, o que me ajuda muito em meu ministério.

De todos os papéis que exerço, o que mais amo é o de mãe, mas o nascimento da minha primeira filha Alice foi uma verdadeira tempestade em nossas vidas. Ela foi um presente enviado por Deus, mas demorou um tempo para eu enxergar isso. Sou a prova viva de que a tempestade passa e de que o que o Senhor tem para nós depois de um diagnóstico difícil é um lindo dia de sol.

meuamorporalice / mallusarmento

+55 (61) 99162-0508

mallusarmento@gmail.com

20 O MILAGRE QUE VIVO TODOS OS DIAS

Por Maria Luiza Oliveira

O maior sonho da minha vida sempre foi ser mãe. Sempre sonhei em ter vários filhos, uma família grande para reunir aos finais de semana e aproveitar ao máximo. Fui criada em uma família com churrascos aos domingos, piscina, comidas e muitas memórias afetivas. Ter vários filhos sempre foi meu sonho e procurei alguém que sonhasse junto comigo. Quando conheci meu marido, Philipe, ele falava que gostaria de ter 12 filhos e, apesar do número expressivo, lembro que o que me chamou a atenção foi o fato de conhecer um rapaz que sonhava com a paternidade. Nos conhecemos na igreja bem no início da adolescência, mas só começamos a namorar quando eu tinha 20 anos. Do namoro ao casamento foram menos de 2 anos e, logo em seguida, comecei a sonhar com nossos filhos. Como eles seriam, com quem se pareceriam e como seriam suas personalidades. Se teríamos apenas meninos ou apenas meninas, ou se teríamos dois casais assim como ele desejava. Ficava imaginando e sonhando com esse grande dia.

Com nove meses de casados, viajamos para Israel e eu fiquei encantada com tantas crianças que vi lá. Eram muitos bebês, crianças e grandes famílias. Naquela viagem, decidimos quando iríamos começar a ter os nossos filhos. Um ano após termos nos programado e orado, Deus foi tão bom que engravidei no primeiro mês que parei de evitar. Assim que descobri que estava grávida, minha vida mudou completamente. Tudo girava em torno daquele ser que Deus havia me dado de presente.

Foi uma gravidez muito tranquila. Logo no início descobri que era uma menina, e fiquei radiante. Por amar muito o mundo cor-de-rosa, princesas e laços, ter a primeira filha menina era mais do que um sonho. Então, dez dias antes da minha filha nascer, participamos de um congresso em nossa igreja e Deus nos mandou um profeta para nos falar que Ele estava mandando aquela vida para mudar a história da nossa família e da nossa igreja. Foi sobrenatural! Fiquei radiante por gerar um instrumento para a Glória dEle! A partir de então, comecei a sonhar com o propósito que ela teria, qual seria seu chamado e como Deus a usaria. Mas eu nunca poderia imaginar o que estava por vir.

No dia 19 de junho de 2018, por volta das 9 horas da manhã, fui ao banheiro e percebi que minha bolsa tinha estourado. Meu marido estava no CrossFit e as malas dela ainda não estavam prontas. Decidi arrumar as coisas enquanto Philipe não chegava, imaginando como seria o nosso encontro. Conversava com ela e com Deus. O dia de conhecer minha promessa havia chegado, eu estava pronta para viver tudo que tinha para ela e para nossa família. Após 14 horas de trabalho de parto, durante o procedimento, o coração da minha filha parou de bater. Nesse momento eu comecei a falar com ela ainda dentro do meu ventre: "Filha, fica com a mamãe. Já está chegando, vamos finalmente nos conhecer, a mamãe está louca pra te pegar no colo, espera só mais um pouquinho". Eu chorava e pedia a Deus pra não levar a minha filha. Ela nasceu e ficou longe de mim por muito tempo. Levaram para examiná-la e meu marido demorou muito para voltar. Quando ele chegou, disse que estava tudo bem com ela e que ela era linda. Meu coração se acalmou, mas não via a hora de carregá-la em meus braços.

Fui para a sala de recuperação e lá esperei pelo meu milagre. Quando ela chegou, já estava tudo bem e eu comecei a olhar para cada detalhe do seu rosto. O desenho de sua boca, seu nariz perfeito que ainda estava um pouco tortinho por conta do parto e seus lindos olhinhos puxados. Enquanto contemplava meu milagre, Philipe me falou: "Amor, a médica disse que ela tem traços de Síndrome de Down". A partir de então, minha vida nunca mais foi a mesma. Na hora eu estava tão cansada, tão feliz de tê-la em meus braços que não processei o que ele me falou. No hospital, passamos por muita coisa por causa dessa suspeita e tudo o que eu queria era ir para casa. Depois de 5 dias, tivemos alta.

Quando há suspeita de Síndrome de Down, há um exame chamado Cariótipo que é feito para confirmar ou não a síndrome, e ele demora de 27 a 30 dias para sair o resultado. Foram dias no qual permaneci inabalável e irredutível. Não, ela não tinha Síndrome de Down. Deus não me daria uma criança com deficiência, era apenas uma prova que estávamos passando, tudo para o nome dEle ser exaltado. Orei sem cessar e cri no agir de Deus. No dia 16 de julho, às 7h38 da manhã saiu o resultado do exame: Síndrome de Down. Não, não era possível. Devia estar errado, isso não podia estar acontecendo. Deus havia me prometido alguém para mudar a história e agora isso? Uma criança com essa síndrome não ia contra tudo que Ele havia me falado? Deus errou?

Eu sofri por muito tempo. A forma que a notícia chegou para nós nos abalou. O jeito que os profissionais conduziram a situação foi traumática e muito difícil de viver. Eu não conseguia entender o que Deus havia feito. Sempre passamos por muitas lutas, mas, nenhuma, até hoje, foi tão desafiadora quanto essa. No hospital nos falaram que ela faria pelo menos 3 cirurgias no coração, uma ainda antes dos 3 meses. Nos falaram que ela era surda, podia ser cega, que teria uma vida limitada e seria sempre dependente. São coisas muito difíceis de se ouvir de pessoas que tem autoridade e credibilidade, ainda mais quando você não entende nada sobre o assunto. Após confirmar a síndrome, ficamos mais de um mês indo a consultas e exames todos os dias, com os mais diversos profissionais de todas as áreas da medicina. Ela realizou exames que eu nunca tinha ouvido falar, profissionais de áreas que nem sabia que existiam. Foi então que o sobrenatural de Deus começou a se manifestar em nossa vida.

A cada novo exame, a cada novo resultado e cada nova consulta, o resultado era o mesmo: milagrosamente, ela estava bem. A audição dela era 100%, assim como a visão. O coração dela, de fato, possuía duas alterações, mas não eram casos de cirurgia e se resolveram por si só. Nas avaliações de fisioterapia ela fazia tudo além do esperado. Deus foi me mostrando que estava com ela e, principalmente, comigo.

Mas, apesar dos exames não mostrarem problema algum, eu não conseguia aceitar a síndrome. Pensava como seria o futuro dela, em como as pessoas a tratariam e em suas limitações. Fiquei muito insegura e com medo. Todos os dias eu via bebês com Síndrome de Down morrendo e pensava se ela não seria a próxima. Era um mundo completamente novo, eu jamais me imaginei inserida nele e estava completamente perdida. Me sentia sozinha, sem poder compartilhar meus sentimentos com medo do julgamento daqueles que nunca passaram pelo que eu estava passando. Então, abri uma conta no Instagram e comecei a procurar mães iguais a mim, com crianças com Síndrome de Down, e fui em busca de compreender como funcionava a dinâmica daquelas famílias. E ali, Deus começou a me curar. Achei mães que sentiram exatamente o que eu estava sentindo, vi crianças que transbordavam amor através de uma foto e ganhei amigos que levo comigo fora das redes sociais.

Todos os dias perguntava a Deus porque eu teria que passar por isso e chorava pedindo forças. Não me lembro bem ao certo quando foi que esse sentimento passou. Eu sei que via minha filha crescendo e, mesmo achando que não seria possível, eu a amava cada dia mais. Se eu dissesse que tinha entendido o propósito naquele momento estaria mentindo, mas Deus começou a acalmar meu coração. Deus derramou doses diárias de cura sobre a minha vida, e ali eu entendi que vivia o sobrenatural de Deus todos os dias.

A igreja foi fundamental para a nossa caminhada. Desde o primeiro momento, fomos abraçados por essa família que Deus nos deu. Nossa filha Alice, sempre foi muito amada por todos e ver o amor dessas pessoas por ela, meu coração se aquecia. Meu marido e eu somos líderes de juventude da igreja, então ela cresceu cercada de adolescentes completamente apaixonados por ela.

Hoje, posso dizer que a profecia que recebemos no dia 9 de junho tem se cumprido todos os dias, tanto na vida da nossa filha quanto na nossa e em nossa igreja. A Alice é completamente encantadora. Ela é muito mais do que eu pedi a Deus. Toda semana, às quartas-feiras, temos culto de oração na nossa igreja em Brasília. Em determinado momento do culto, os pastores ficam em frente ao altar para orar por áreas específicas na vida das pessoas, como família, cura, relacionamento e vida espiritual. Aquelas que necessitam de algo, se dirigem a eles para receber a oração. Além de líderes dos jovens, somos pastores, então, semana após semana, ela tem visto pessoas chegando até nós e recebendo orações. Ela tem se colocado disponível para orar pelas pessoas ao nosso lado. Uma oração vinda diretamente do coração de uma criança que nasceu para refletir a Glória Dele nessa Terra. Sim, eu vejo que ela muda a história da igreja todos os dias. Vejo que ela nasceu exatamente como o Senhor quis que ela nascesse. E eu só posso agradecer a Ele por me proporcionar esse milagre.

Durante esses 5 anos eu vivi altos e baixos. Aceitar a síndrome foi muito difícil, ver minha filha enfrentando determinadas batalhas só por conta disso foi duro, mas hoje sou completamente apaixonada pela história que Deus tem escrito para nós e através de nós. Me lembro que, durante a gravidez, o Senhor ministrava uma música em meu coração todos os dias. Na época, achei que era apenas uma canção que eu gostava e por isso me vinha à mente. Após toda essa tempestade, entendi que, ainda na gravidez, Deus estava me fortalecendo para o que viria. A música se chama "nunca pare de lutar" da pastora Ludmila Ferber. *"Em tempos de guerra nunca pare de lutar, nunca pare de adorar, libera a palavra e profetiza sem parar. O escape, o descanso, a cura, a recompensa vêm sem demora"*.

Não sei qual tempestade você pode estar enfrentado, mas quero te dizer que o sobrenatural de Deus se manifesta em meio às dificuldades. Houve uma época que parecia que não ia passar, e durante toda a minha vida eu carregaria um pouco de sofrimento. Mas eu escolhi viver o sobrenatural de Deus todos os dias. Comecei a enxergá-lo nos sorrisos da minha filha, nas conquistas dela, no amor que ela transbordava e nas pessoas que eram tocadas pela sua vida. Minha maior luta hoje é o meu maior testemunho. E Deus fará assim com você também! Você apenas precisa escolher viver o sobrenatural todos os dias. Você aceita?

“Deus derramou doses diárias de cura sobre a minha vida, e ali eu entendi que vivia o sobrenatural de Deus todos os dias.”

Maria Luiza Oliveira

MARIA ONILCE

Sou Maria Onilce, natural de Formoso/GO, morei 35 anos em Parauapebas/PA, mas em 2021 mudei para Belém/PA com meu filho Vitor Lucas.

Graduada em Ciências Contábeis - UFPA, Gestão Empresarial - UNAMA, Filosofia-CESB e curso de Direito-PITAGORAS. Especialista em Contabilidade Pública e Gestão de Finanças.

Empresária, coleciono premiações, comendas de mérito e títulos de excelência com repercussões nacionais e internacionais: "Cidadã Honorária de Parauapebas" 2018; Título Honorífico de "Cidadã do Pará" 2019; Diploma de "Honorary Professor" 2021 The Academic Union, Oxford-UK; Prêmio "Quality Brasil" 2022 International Quality Company; Troféu "The Bizz" categorias "World Leader Businessperson" e "Excellence in Business Management" Toronto-CA, Houston-TX e Sheraton Nur-Sultan-KZ; e "Feminine Personality" 2023 International Business Institute by CARAS.

mariaonilce7

onilce@hotmail.com

21 DE UM FIM, DEUS FEZ UM NOVO COMEÇO

Por Maria Onilce

Conheci Jesus em 1997, numa igreja evangélica em Goiânia/GO. Foi um dia inesquecível, pois mudaria o curso da minha vida para sempre. O evento foi marcado por um louvor em coro por toda a igreja, que passou a ecoar na minha cabeça: Sonda-me, Salmo 139. Naquele culto, foi-me apresentado Um Ser Maravilhoso, que ficou plantado como uma semente na minha alma. O Ser era como um perfume suave, que inundava profundamente meu viver, e eu O amei, logo percebi que não poderia mais viver sem Ele. Passaram-se as férias e retornei à minha residência em Parauapebas/PA.

Mergulhada naquele primeiro amor, o desejo ardente de servir e ganhar almas me levou a fazer a obra com profunda dedicação nos anos seguintes. Porém, com a vida difícil, sem perspectivas de oportunidades e crescimento no interior, decidi ingressar numa faculdade e, em 2001, já estava fazendo não apenas um curso, mas dois. Era uma rotina dura, que atrelada à extensa carga horária de trabalho me consumia exaustivamente, assim, aos poucos fui me distanciando da igreja, e, por conseguinte, dos ensinamentos da Fé em Cristo.

A semente estava plantada, mas um grande vácuo espiritual começava na minha vida. Apesar de amar a Jesus, eu O conhecia somente de ouvir falar, mas ainda não tinha vivido uma experiência pessoal com Ele. Eu orava e buscava esse Salvador, pois dentro de mim ardia o desejo de conhecê-Lo mais profundamente. Os anos foram se passando e eu vivendo aquela rotina exaustiva, naturalmente houve um esfriamento, que me levou a desviar das veredas iniciais aprendidas e a andar por caminhos tortuosos.

Foram anos de deserto espiritual, mas o que ficou marcado foi a compreensão de que aqueles caminhos contraditórios à Palavra já não me satisfaziam mais. Muitas vezes, estava em certos lugares, mas no meu íntimo tinha a certeza de que ali não era meu lugar. Eu tinha me distanciado dos caminhos de Jesus, porém Ele estava sempre do meu lado por onde quer que andasse. Em 2004, sofri uma grande perda com o falecimento de um irmão, acometido por um infarto fulminante. Todavia, em meio à dor, ainda conseguia usar a Palavra de Deus para confortar e ensinar as pessoas, o que, inclusive, levou a minha querida mãe Maria Rosa a se converter a Cristo. A semente da fé desabrochava dia após dia, produzindo outros frutos, mesmo assim, sentia que era apenas uma expectadora de Jesus, ainda faltava mudar o status de "apenas me relacionar" para uma "vida de intimidade com Cristo".

De repente, tudo mudou! Em 2011, um golpe fatídico aconteceu, este mudaria completamente a minha vida espiritual - meu pai Zacarias Cavalcante, aos 81 anos de idade, até então, gozando de plena saúde, vigor físico e mental, de repente passa a ter dificuldades para andar, respirar e a piora se dava numa rapidez desesperadora. Meu pai era aquele chefe de família, líder e referência de todos. A situação caiu como uma bomba, deixando todos atônitos, pois logo na primeira consulta médica, ele foi colocado numa cadeira de rodas e desenganado pelos médicos da cidade onde morávamos. O diagnóstico era brutal, teríamos o máximo de 24 horas para transferi-lo via UTI aérea e interná-lo num centro de tratamento avançado e intensivo, em outro estado.

Ao ouvir o diagnóstico, por pouco não desmaiei. Sai dali desnorteada, entrei no carro e resolvi parar numa rua deserta para orar, enquanto outros irmãos levavam nosso pai para casa. A realidade era essa: dependíamos de um milagre. Era um momento difícil, sem condições financeiras para contratar uma UTI aérea e interná-lo num hospital de alta complexidade fora do estado. Ali eu estava diante de uma prova de fogo e me questionava: Cadê a minha fé? Onde está Jesus? Na verdade, Ele estava bem ali do meu lado, somente eu não O enxergava.

Contudo, diante de um turbilhão de sentimentos desesperadores, comecei a agir com o pouco de fé que tinha, liguei para um amigo, pedindo o contato de outra pessoa conhecida, na esperança de que ela pudesse me socorrer de imediato com uma aeronave para transportar meu pai. Pasmem! Do outro lado da ligação, meu amigo disse: "Ele está aqui comigo, vou passar o telefone!". Sem perder tempo, expliquei a situação e ele prontamente me socorreu. Vi a Mão Poderosa agindo.

Na manhã seguinte, conseguimos transportá-lo para Goiânia, onde ficou internado na UTI de um hospital. Mas o pior ainda estava por vir! O quadro de saúde dele só piorava, diagnosticado com enfisema pulmonar gravíssimo, parou de respirar e outros órgãos começaram a parar também, então foi entubado. Diante do quadro crítico, foi necessário realizar imediata intervenção cirúrgica, num esforço de desobstruir os pulmões. Todavia, a chance de vida só diminuía, de modo que os médicos já buscavam confortar a família, em virtude do agravamento crescente do quadro clínico. A morte do meu pai era cada vez mais eminente.

A notícia fatídica já era esperada a qualquer instante e a coluna de sustentação da família estava desabando. Foi tudo tão repentino! Então, era o fim para meu amado pai Zacarias. E, como um filme, repercutiam as lembranças de quantas palavras não foram ditas, das declarações de amor não feitas, dos gestos de carinhos não demonstrados, dos risos e abraços não compartilhados. E o pior de tudo, eu sabia sobre JESUS e não havia falado para ele sobre a Salvação.

No ápice do terror e agonia, tomei uma decisão de fé: entrei no quarto e me joguei no chão, pois mal me segurava de joelhos, e ali, em meio à fraqueza, clamei: "Jesus, por favor, não leve meu pai sem que antes ele tenha a oportunidade de Te conhecer! Se tão somente o Senhor prorrogar os anos de vida dele, eu enfrentarei o que for preciso e falarei de Ti para ele, não importa se ele me bater (meu pai, na inocência, dizia que quem de nós ousássemos falar de Bíblia para ele, certamente levaria uma cintada)! Os médicos já desenganaram ele, mas Tu és o Médico dos médicos e pode prorrogar seus dias de vida, assim como foi Tua fidelidade com o Rei Ezequias, acrescentando-lhe mais 15 anos de vida (registrado no Livro de II Reis, Cap. 20:1-6). Porém, peço-Te um sinal como prova de que esta oração foi ouvida e de que meu pai viverá, não sei quem o Senhor irá usar como instrumento de benção nesta noite, mas faça alguém passar a mão direita da cabeça para os pés, de um lado e depois do outro, retirando por completo toda enfermidade dele da cabeça para os pés". Já era tarde da noite, então finalizei a oração, tomei banho e fui tentar dormir, pois no decorrer daqueles dias não vinha conseguindo dormir direito, mas nesta noite algo aconteceu, incrivelmente, dormi profundamente.

Na manhã seguinte, havia esquecido da oração feita na noite anterior, ansiosa por notícias, logo liguei para minha irmã que havia acompanhado meu pai aquela noite na UTI, que desabafou: "Irmã, essa noite, por volta de duas a três horas da madrugada, o pai passou tão mal que os alarmes dos aparelhos foram acionados, eram os sinais da morte, e os médicos de plantão correram para socorrê-lo, ele agonizava". E continuou ela: "Quando vi tudo aquilo acontecendo e sem poder fazer absolutamente nada, peguei a Bíblia, ajoelhei ao lado de uma cadeira, no canto quarto, e me pus a orar clamando pela misericórdia de Jesus, porém, quando estava orando, uma voz suave sussurrou no meu ouvido, dizendo-me para levantar e passar a mão direita sobre ele, começando da cabeça para os pés, fazer de um lado e depois do outro, expulsando todas as enfermidades e assim eu fiz", afirmou ela.

Ouvindo isso, lembrei-me do pedido na oração que havia feito na noite anterior. Então, diante da confirmação, comecei a chorar profundamente. Muito emocionada, contei a ela sobre o pedido como sinal de resposta da oração, dizendo como ela havia sido um instrumento de benção na vida de nosso pai. Para mim, já não restava dúvida de que ele viveria, mesmo diante de todas as condições que se mostravam contrárias naquele momento. O pedido foi específico na oração e atendido de forma clara pelo Senhor. Uma fé inabalável tomou forma dentro de mim. O milagre esperado aconteceu! De um fim, Deus fez um novo começo. Naquele exato momento, eu vi Jesus! A convicção era tamanha que ninguém poderia me convencer de que meu pai morreria. Lembrei-me do meu compromisso em pregar a Palavra de Deus para ele quando retornasse para casa.

Apesar de um processo lento de recuperação, a cada dia era um passinho mais firme para a nova vida. Os médicos se impressionavam com a reabilitação, tudo se confirmava, seus anos de vida foram prorrogados para que ele conhecesse a Jesus. Depois de certo tempo, com meu pai recuperado e consciente, fui cumprir meu voto de pregar a Palavra de Deus para ele. Aquele dia foi lindo demais! Depois que ele ouviu a pregação da

Palavra, estendeu suas mãos para os Céus e exclamou: "Jesus, eu te aceito como meu Salvador!". E mais: "eu sou de Jesus e Ele é meu!". Passados alguns meses, expliquei para ele sobre o batismo nas águas e, pouco tempo depois, me contou com grande alegria que se batizaram nas águas, ele e minha mãe, entregando suas vidas por completo nas mãos de Jesus Cristo, para sempre. Ao todo, meu pai Zacarias conviveu ainda por quase 7 anos entre os familiares, as declarações de amor foram expressas, os abraços foram dados, histórias compartilhadas e muitas coisas vividas em coletivo.

O fato é que a redenção não chegou apenas para ele, mas para mim também, minha fé passou a ter uma certeza não de apenas ouvir falar, mas de ver a Glória de Deus se manifestar diante de mim. Na dor, eu vivi uma experiência pessoal e real com Jesus. Uma lição que aprendi, foi a de falar com Deus onde quer que eu esteja. Deus é amigo de todos os momentos. Compreendi que ter interação não é o mesmo que ter intimidade, quando temos somente interação, até sentimos um arrepio, choramos com um louvor ou uma palavra tocante, mas é na intimidade que nós O conhecemos, O vemos com olhos espirituais e adquirimos uma fé inabalável. Todos podem vê-Lo, basta crer e não duvidar. Hoje posso afirmar: **Eu vivi o sobrenatural de Deus.**

"Ter interação não é o mesmo que ter intimidade com Deus, pois, para vivermos o sobrenatural, a fé precisa transcender o mundo físico."

Maria Onilce

MARLINDA CANONICO

Meu nome é Marlinda Canonico, natural de Natal, Rio Grande do Norte, e moro na Itália há 11 anos, mas sou cearense de coração. Vivi a maior parte da minha vida em Fortaleza, onde casei e tive meus filhos.

Atuo como mentora de mulheres empreendedoras, auxiliando-as a percorrer o caminho da inexperiência até a conquista do universo digital. Também sou influenciadora, tenho dois canais no Youtube, sendo um deles totalmente na língua italiana, com mais de 53 mil inscritos. Ingressei no mundo digital em 2014, quando percebi que poderia ajudar muitas mulheres, e hoje tenho mais de 70 alunas em meus cursos e mentorias divulgados por meio do meu Instagram.

Entre inúmeras histórias e experiências, quero compartilhar como reconheci o amor de Deus na minha vida por meio do meu grande milagre.

marlindacanonico

marlindacanonicooficial

Marlinda Canonico

22

O ÚLTIMO RESPIRO

Por Marlinda Canonico

Todos os dias, ao entardecer, saíamos para passear: eu, meus dois filhos e minha mãe. Morávamos em uma pequena vila de um bairro em Fortaleza. Nossa vila estava localizada em um beco que se desdobrava a partir da rua. A passagem era bastante estreita, não permitindo a entrada de carros, apenas bicicletas e motos. Nossa casa era uma das maiores na vila, com sala, dois quartos, um banheiro e uma cozinha. O quintal era espaçoso, com o muro lateral feito de madeira e arame. Tudo era muito simples, mas o amor abundava naquele lugar.

No final da tarde, quando o sol estava menos intenso, minha mãe e eu, juntamente com as crianças, íamos buscar água no chafariz, pois naquela época enfrentávamos escassez de água quase todos os dias. Lembro-me da minha mãe pegando as latas vazias de leite Ninho e colocando pequenos pedaços de pau no meio para criar pequenos baldes para as crianças. Eles adoravam ajudar e sair para pegar água no chafariz; era a diversão deles. Nessa época, meus filhos Allan e Washington tinham 2 anos e meio. Foi também nesse mesmo período que descobri que estava grávida do meu MILAGRE.

Foi um momento muito intenso, pois eu já tinha os meninos, e engravidar de novo tão rapidamente não estava nos nossos planos. No entanto, decidi que não interromperia a gravidez, porque, ao conhecer a Cristo e compreender que, a partir do momento em que existe uma vida pulsando dentro de mim, eu jamais poderia impedir isso.

Descobri a gravidez com um atraso de 7 dias no ciclo, graças ao exame de sangue BETA HCG. Nessa mesma época, meu filho Allan começou a ter problemas de saúde. Sua barriguinha começou a crescer, e eu não sabia o motivo. Felizmente, tínhamos plano de saúde, o que me permitiu investigar o que estava acontecendo com ele. Foram realizados muitos exames até que a médica solicitou um exame de raios X do abdômen e da face dele para determinar a causa. Nesse ponto, eu estava grávida há 4 meses, e embora minha barriga não fosse muito grande, se você olhasse com atenção, conseguiria ver que eu estava grávida, e não apenas um pouco acima do peso.

Fizemos o exame em uma clínica renomada no centro de Fortaleza. Ingenuamente, eu não me lembrei de que mulheres grávidas não deveriam entrar em salas de raios X. O técnico que realizou o exame também não perguntou se eu estava grávida. Simplesmente entrei e segurei meu filho nos braços para mais de 3 sessões de raios X. Foi somente depois de sairmos da sala que o técnico notou minha barriga e perguntou se eu estava grávida. Respondi que estava grávida há 4 meses e ele ficou completamente pálido. No entanto, eu estava tão preocupada com a saúde do meu filho Allan que nem passou pela minha cabeça que mulheres grávidas não poderiam ser expostas à radiação.

Quando levei os resultados dos exames à médica, ela me perguntou quem segurou o Allan durante os exames. Quando disse que eu o havia segurado, a doutora ficou chocada, olhou para mim e disse: "Ligue para o seu médico imediatamente e agende uma consulta. É provável que você tenha que interromper a gravidez". Foi aí que começou a minha luta em busca do meu milagre.

Descobrimos a doença do Allan; ele estava com um alto grau de adenoide, o que o impedia de respirar pelo nariz e causava o inchaço em sua barriga, que eram, na verdade, gases. Seu crescimento havia sido afetado, e ele precisaria passar por uma cirurgia com urgência. Tudo aconteceu muito rapidamente, e dentro de uma semana, ele já estava sendo operado. No entanto, eu estava sendo devastada pelo medo do que poderia acontecer com meu bebê que estava no meu ventre.

Depois que o meu filho Allan ficou bem, fui ao médico e ele me recomendou um ultrassom. Após a realização de vários exames, todos indicaram que a criança estava por volta de um mês menos desenvolvida do que o esperado. O médico ficou bastante preocupado e discutiu os riscos que poderiam surgir se eu decidisse continuar a gravidez. Segundo ele, os órgãos pareciam estar normais, mas não era possível ter certeza sobre as prováveis complicações na visão, fala, audição, entre outros aspectos. Tudo aquilo era extremamente aterrorizante.

Lembro-me de que, ao chegar em casa, estava chorando intensamente. Minha mãe era costureira e tinha uma cliente que estava na nossa casa naquele momento. Essa senhora era uma cristã que me conhecia desde a infância.

Ela perguntou: "Marlinda! Você acredita em Deus?"

Eu respondi: "Sim!"

Então ela disse: "Creia! Seu bebê nascerá perfeito. Nada acontecerá a ele. Apenas creia!"

E aquelas palavras entraram na minha alma, trazendo paz ao meu coração.

Todos os meses era a mesma coisa: fazíamos a ultrassom e o bebê parecia estar com um mês a menos em seu desenvolvimento. Até que descobrimos que o meu "milagre" era uma menina. Meu Deus! Foi uma sensação incrível! Era meu sonho ser mãe de uma menina.

Em janeiro de 1994, cheguei aos 8 meses de gravidez. Estava chovendo muito aquela semana e, como resultado, o nosso quintal estava cheio de lodo. Eu havia acabado de lavar algumas roupas das crianças e, quando fui estendê-las, escorreguei e caí de costas.

Ligamos para o médico e ele disse as seguintes palavras: "No próximo sábado, dia 15, vamos realizar a cesariana, pois essa criança está ameaçada desde que foi concebida. Esteja como estiver seu colo do útero, vamos retirá-la". Essas foram as palavras do médico. Cheguei ao hospital no dia marcado e fui submetida a um exame para determinar a maturidade do colo do útero. Já estava com 7 centímetros de dilatação quando cheguei lá, mas eu não sentia dores. No entanto, a criança não poderia nascer na posição em que estava, pois estava sentada.

A cesárea estava agendada para as 10 horas da manhã. Entrei na sala de cirurgia e a anestesia foi administrada. No entanto, logo enfrentamos outro problema: a anestesia não desceu, pelo contrário, subiu para minhas costas. Senti uma dor intensa na coluna, perto do pescoço. Em seguida, comecei a tremer e perdi completamente o controle do meu corpo. Gritei: "Doutor, por favor, salve minha filha. Salve minha filha, não a mim!". Lembro-me de ele responder: "Ninguém vai morrer aqui. Fique calma! Até hoje, não perdi nenhuma paciente, e você não será a primeira. Mantenha a calma!".

Ele pediu para que me sedassem, mas eu recusei. Disse que, se eu dormisse, não acordaria mais, e eu queria ver minha filha. Pedi ao enfermeiro que estava ao meu lado para me desamarrar, pois eles haviam amarrado minhas mãos devido aos tremores e convulsões. Ele teve pena de mim e desamarrou minha mão direita. Foi quando coloquei minha mão nas costas e orei em silêncio.

"Senhor, em nome de Jesus, me ajuda! Salve a minha filha. Se eu tenho que morrer agora, perdoa todos os meus pecados, não me deixe ir para o inferno."

Essa foi minha oração.

E então, a dor começou a diminuir. Senti como se minha mão fosse a mão de Deus, e a anestesia começou a escorrer pela minha espinha, acalmando tudo. Às 11h15 da manhã daquele sábado, meu "milagre" nasceu. Quando ela veio ao mundo, perguntei ao médico: "Por favor, me diga, ela é normal?" Ele brincou: "Não! Ela ainda não tem dentes. Vai ser normal quando nascerem os dentes". Ela nasceu perfeitamente bem! O único efeito da radiação nela foi deixá-la com pequenas erupções cutâneas, como acne.

Minha Tailany nasceu linda! Lembro-me de que até o médico e as enfermeiras choraram. Minha filha nasceu com 3.300 Kg, perfeita e saudável, exatamente como aquela cristã havia me dito. Vencemos uma batalha, porém outra ainda maior viria pouco tempo depois.

Após o nascimento, ela se desenvolveu bem até completar 1 ano e 1 mês. Nessa época, ela adoeceu, e não sabíamos o que estava acontecendo. Ela conseguia andar, mas quando a pegava no colo, começava a suar frio e desmaiava por um curto período. Levamos ela ao hospital, onde ficou internada com diagnóstico de pneumonia, diarreia e outra doença sanguínea misteriosa que ninguém conseguia identificar. Após o oitavo dia de internação, com tantas agulhas e tentativas de acesso intravenoso que falharam, eles decidiram raspar seu cabelo e colocar o acesso na cabeça. Nesse dia, ela teve três convulsões nos meus braços. Ela parecia ir e vir, até que, na terceira convulsão, não retornou.

Eu entrei em desespero. A enfermeira tentou encontrar o pulso, mas não conseguiu. Ela correu para chamar a médica de plantão. Minha filha estava gelada ao toque. Com minha filha aparentemente "morta" em meus braços, eu olhei para ela e orei:

"Deus que um dia eu servi, eu sei que o Senhor existe. E eu te peço agora, em nome de Jesus, me dê a minha filha de volta. O Senhor sabe que nunca mais eu posso ser mãe, porque fiz laqueadura das trompas, então traz minha filha de volta, eu te prometo que enquanto eu tiver vida, eu vou te servir, vou te glorificar para sempre."

E, de repente, minha filha deu um profundo suspiro em meus braços. Era um milagre real diante dos meus olhos. Ela disse: "Mamãe, quero água". Eu estava completamente suja de vômito e fezes devido às convulsões que ela havia tido. Quando a coloquei de volta no berço, ela ficou de pé como se nunca tivesse passado por uma situação de enfermidade na vida.

Quando a médica chegou, mal acreditou no que estava vendo. Houve uma discussão com a enfermeira, e a médica me disse que provavelmente minha filha teria que tomar Gardenal pelo resto da vida. Minha resposta foi simples: "Doutora, minha filha foi curada por Jesus, aqui e agora, neste hospital. A senhora pode fazer todos os exames que desejar, mas eu sei o que Deus fez".

A médica solicitou um eletroencefalograma e, no entanto, o exame não revelou nenhuma anormalidade. Minha filha deixou o hospital completamente saudável e perfeita.

Hoje meu milagre tem 29 anos, filha amada de Deus, uma linda enfermeira especializada, casada e feliz. Eu vivi o sobrenatural de Deus!

Quero transmitir algo a você que está lendo este livro: enquanto seu coração pulsar, você pode alcançar sua vitória. Deus ouviu as minhas orações, e Ele não ouve apenas a mim, mas a todos que clamam por Ele. Se você se encontra desesperado, ore! Não importa qual desafio esteja enfrentando, apenas creia! Tenha uma conversa com Ele. Faça uma lista de todas as bênçãos que Ele já lhe concedeu e traga-as à sua memória. O maior segredo da vida está na gratidão. As fases vêm e vão, mas o final é sempre melhor que o começo. Tudo depende das suas escolhas. Qual será a sua?

“Enquanto seu coração pulsar, você pode alcançar sua vitória.”

Marlinda Canonico

MIRIAN ALVES

Meu nome é Mirian Alves, natural de Três Lagoas, Mato Grosso do Sul. Atualmente, resido em Aparecida do Taboado com meu esposo, o Apóstolo Jesus Alves, com quem sou casada há 28 anos. Temos dois filhos, Marcus Paulo, nosso filho caçula, e nosso primogênito Matheus, casado com Ana Paula. Sou mentora espiritual de mulheres e fui chamada para curar feridas emocionais, tendo atingido centenas de mulheres em questões familiares. Há 21 anos, sou líder da Igreja Apostólica Sinais e Maravilhas de Deus. Possuo formação em Serviço Social pela UNOPAR e sou empreendedora, além de serva do Deus altíssimo.

Embora esta introdução possa parecer que minha história se resume a esses fatos, tive que superar vários desafios e vivenciei grandes milagres. Quero mostrar a você que é possível transformar sua própria vida por meio da experiência com o Espírito Santo.

bybispamirian

+55 (67) 99128-2322

pastoramirian.lima@hotmail.com

23 O DEUS QUE REALIZA MILAGRES

Por Mirian Alves

"Tú és o Deus que realiza milagres; mostras o teu poder entre os povos."
Salmos 77:14

Escrever este capítulo sobre o que o Senhor fez na minha vida foi a maneira que encontrei de compartilhar e acender uma faísca de fé no coração dos leitores. Espero que, ao ler este testemunho, você possa perceber o Deus de milagres se movendo em cada palavra e em cada circunstância adversa que passei em um contexto em que tudo parecia impossível.

Pois bem, milagres em meio às impossibilidades são o assunto que quero abordar. Trata-se de testemunhar as mãos de Deus agindo onde nem mesmo os médicos viam possibilidade de cura. É sobre enxergar a intervenção de Deus em cada detalhe, em cada dia, em cada minuto e em cada segundo.

Em julho de 2015, comecei a sentir alguns sintomas ruins. Primeiro, um mal-estar leve, seguido de dores que se intensificaram, e logo sintomas que começaram a interferir no meu dia a dia.

A rotina já não era a mesma. Dormir deixou de ser satisfatório, pois nem mesmo com remédios era possível ter uma noite de descanso. A cada dia, o problema aumentava. As dores na região abdominal eram tão intensas que me faltava o fôlego, e eu inicialmente acreditei que tão logo ficaria bem. Mas à medida que os dias passavam, meu quadro começou a se agravar, e a situação só piorava a cada dia.

Desde então, minha rotina mudou completamente. Os afazeres mais simples se tornaram impossíveis para mim, restando apenas dor, lágrimas e uma terrível sensação de angústia.

Mesmo após uma bateria de exames, as dores intensas e o mal-estar constante começaram a afetar minha aparência. Primeiro, minha pele ficou pálida, seguida por um tom esverdeado nos olhos e na pele. Após a ressonância, veio o diagnóstico inicial: uma pedra no canal do pâncreas, que causava obstrução. Iniciamos o procedimento de uma CPER, um exame que só podia ser realizado em outra cidade. Tivemos que parar diversas vezes no caminho por conta dos vômitos e muitas dores, mas em nenhum momento perdi a minha fé.

Eu não entendia, mas Deus estava preparando o cenário para que eu vivesse algo extraordinário, para que eu testemunhasse milagres, e para que este testemunho neste livro se tornasse realidade. Foi em meio a esse cenário de crises e incertezas que vimos a mão do Deus que realiza milagres entrando em ação.

Fui submetida ao procedimento de CPRE para a retirada da pedra que obstruía o canal, acreditando que seria o fim do sofrimento. No entanto, a situação ficou terrivelmente pior, pois os médicos, sem perceber, apenas deslocaram a pedra, causando uma obstrução ainda maior. Eles deram uma única explicação: "Não conseguimos retirar a pedra e não há mais o que possamos fazer".

Além de orar e buscar orientação de Deus, o que mais poderíamos fazer? Minhas condições eram terrivelmente precárias. Portanto, procuramos vários médicos na região de São Paulo, mas, ao avaliarem o quadro clínico, descartavam a possibilidade de cura.

Diante da falta de qualquer solução, retornamos à nossa cidade, e ainda no caminho, meu esposo parou para orar. Ao chegarmos, os médicos constataram uma pancreatite aguda gravíssima, com a amilase chegando em 800 unidades/litro, e, segundo a equipe médica, havia a possibilidade de óbito, sendo necessário conseguir uma vaga na nossa capital.

Meu esposo se prontificou a ir comigo para a capital, abandonando um evento importante em nossa igreja, do qual a presença dele era fundamental. Eu disse: "Você vai cuidar da obra de Deus, pois é Deus quem cuida de mim".

Então, uma médica chegou e disse ao meu esposo: "Sua esposa vai morrer, não há nada que possamos fazer, você pode se despedir dela". No entanto, mantínhamos nossa confiança em Deus.

Antes de chegarmos em Campo Grande, fizemos uma parada em Três Lagoas para mais uma tentativa, porém fui impactada com as seguintes palavras do médico que me atendeu: "Por que vocês a trouxeram para cá? Não posso fazer nada por ela, a não ser administrar algumas injeções para a dor e deixá-la morrer". Foi então que eu disse: "Estou nas mãos de Deus".

"Estende as mãos desde o alto; livra-me e arrebata-me das muitas águas e das mãos dos filhos estranhos." (Salmos 144:7)

Deus estava agindo, e logo surgiu uma vaga na capital. Ao chegarmos lá, vi Deus agindo nas palavras da médica que me assegurou que o que ninguém conseguiu fazer antes, eles conseguiriam fazer agora.

As dores eram terríveis, mas ainda faltavam 3 dias para o procedimento, e eu estava à base de uma dieta zero e soro. No entanto, eu continuava a orar e a dizer: "Senhor, que a Tua vontade seja feita em minha vida".

Meu esposo havia acabado de ministrar a Palavra de Deus e pregado sobre a cura de Zedequias. Foi então que ele me perguntou: "Você está próxima à parede?", e eu respondi: "Sim". Então ele disse: "Vire-se para o canto e ore a Deus. Peça a Ele que te acrescente mais anos de vida".

Naquele momento, desliguei o celular e comecei a orar. Enquanto orava, eu ouvia o movimento dos médicos e enfermeiros ao meu redor, chamando meu nome enquanto eu estava deitada virada para a parede. Após essa oração, me recordo de acordar só no dia seguinte, pois aquela noite fui visitada pelo anjo do Senhor, que me proporcionou uma noite de paz e tranquilidade.

Após a realização do procedimento, descobrimos que não se tratava apenas de uma pancreatite, mas também havia a presença de um nódulo, o que resultou no diagnóstico de câncer. Foi nesse momento que descobri que, além da luta contra a pancreatite, teria que me preparar para mais essa batalha.

Minha estrutura emocional estremeceu, mas minha fé permaneceu inabalável, pois mesmo com as emoções fragilizadas, nossa confiança deve estar em Deus.

"O Senhor é bom, um refúgio em tempos de angústia. Ele protege os que nele confiam." (Naum 1:7)

Foram três pancreatites extremamente dolorosas. Houve períodos de tratamento e diversas internações, inclusive em casa, onde tive que usar drenos para coletar as secreções biliares, momentos de grande desconforto.

Estes foram tempos de guerras e incertezas, nos quais os médicos me desenganavam a cada diagnóstico. No entanto, eu conseguia ver as poderosas mãos de Deus agindo e percebia o cuidado de Deus em cada detalhe.

"Antes eu te conhecia só de ouvir falar, mas agora eu te vejo com os meus próprios." (Jó 42:5)

Foi então marcada a cirurgia para a retirada de um nódulo cancerígeno de 10 centímetros que estava pressionando a bexiga. No entanto, no dia anterior, dia da internação, tinha um compromisso agendado para ministrar em uma igreja e decidi priorizar a obra de Deus. Assim, voltei da igreja louvando e adorando a Deus, e depois fui para a internação. No dia seguinte, fui submetida à cirurgia, crendo que Deus estaria naquela sala antes mesmo dos médicos.

"*Aqueles que conhecem o Teu nome confiam em Ti, pois Tu, Senhor, jamais abandonas os que Te buscam.*" (Salmos 9:10)

Após a cirurgia, o médico virou para mim e disse: "Dona Mirian, não sei o que aconteceu, mas não há mais nada aqui. O tumor desapareceu, sumiu, e não há como explicar!". Eu disse: "Eu sei, doutor, o meu Deus chegou primeiro".

"*Porque para Deus nada é impossível.*" (Lucas 1:37)

Nunca permita que a murmuração tome conta de sua vida. Mesmo quando tudo parece sem rumo e sem direção, lembrem-se de que o nosso Deus abre caminhos no meio do mar.

Em agosto de 2023, eu estava internada, vencendo mais uma etapa em minha vida, superando uma estenose nas vias biliares. Estava no hospital para mais um procedimento cirúrgico. Eu disse ao Senhor: "Não estou questionando, só quero entender".O Espírito Santo veio e me disse: "Comece a escrever!". Então eu perguntei: "Escrever o quê?". Ele respondeu: "Toda a sua trajetória e experiências no hospital. Eu vou usá-la para abençoar vidas por meio do seu testemunho".

Foi então que recebi o convite para fazer parte deste livro, que está relacionado às experiências milagrosas que vivi com Deus. Portanto, entenda que o nosso Deus é aquele que realiza coisas sobrenaturais; Ele é o Deus dos milagres.

Eu vivi o sobrenatural de Deus! Venci, com a ajuda de Deus, três pancreatites e um nódulo cancerígeno que, segundo os médicos, eu estava à beira da morte.

Acredite, se você chegou até aqui na leitura deste livro, é porque Deus está convidando você a crer e a experimentar o extraordinário e o sobrenatural Dele. Convido você a mergulhar em tudo o que Deus tem reservado para a sua vida. Tão somente creia, pois assim como eu vivi o sobrenatural de Deus, o Senhor Deus tem milagres reservados para a sua vida.

"As circunstâncias
adversas pelas
quais passamos
apenas nos
preparam e nos
moldam para
experimentar o
extraordinário
poder de Deus."

Mirian Alves

PRA. MÔNICA SILVA

Sou casada há 37 anos com Erlandes Silva. Temos dois filhos maravilhosos, ambos casados, que nos deram dois netinhos lindíssimos, Marina e Lucca. Sou ministra do Evangelho há 30 anos junto com meu esposo. Atuamos no ofício Apostólico e Profético, um Ministério marcado pela manifestação do Espírito Santo, onde milhares de vidas são impactas com o sobrenatural de Deus. Sou diretora do Instituto Transformar Vidas e criadora do método "Desbloqueie a sua Mente e Ative seu Potencial" e "O Verdadeiro Casamento na Nova Aliança".

Escritora, Psicanalista (finalizando), Formada em Análise de Perfil Comportamental, *Master Coach*, palestrante oficial de vários cursos com objetivo de desenvolver vidas, alinhando ao seu real propósito e trazendo clareza aos planos de Deus e seus princípios e valores do seu Reino, resgatando a identidade original dos filhos, capacitando-os a exercerem a posição de autoridade espiritual e emocional.

monicasilva_transformar

+55 (21) 98130-0847

Mônica Silva

monicasilva.mar@gmail.com

24 DEUS É INVISÍVEL, MAS É REAL E SOBRENATURAL

Por Pra. Mônica Silva

Eu vivi o sobrenatural de Deus! Quero te convidar a viver uma viagem profunda ao Reino dos Céus, pois foi lá que tudo começou na minha vida e me revelou a excelência, a soberania e o amor imensurável de Deus, nosso Criador e Pai Eterno. Antes de tudo, quero te lembrar que Ele é invisível, mas é real, onisciente, onipotente e nos conhece no profundo e sonda nossos corações. Prepare-se, pois Ele irá se mover em você, pois o maior objetivo Dele é se revelar a todos que criou, para terem a sua própria experiência com o Seu imensurável amor e seu Reino Eterno, criado para Seus filhos. Talvez você possa se perguntar: Como posso perceber e sentir a Sua presença, se Ele é Espírito e somos humanos? É sobre essa grande revelação que quero compartilhar com vocês, pois eu vivi o sobrenatural de Deus, e você pode viver também!

Quero revelar a você o quanto é importante conhecer a Deus e ter um relacionamento real com Ele, para não viver na ilusão, imaginação de conhecê-Lo de ouvir falar, mas nunca ter tido a sua própria experiência com o seu Criador, o Aba Pai! Mateus 28:19: “Eu estou convosco todos os dias, até a consumação dos séculos”. Ozéias 6:3: "Então conheçamos e prossigamos em conhecer ao Senhor".

Há alguns anos, eu percebi que eu estava vivendo tão longe de Deus, mesmo estando na igreja e atuando em vários cargos, mas, na verdade, era mais contato com pessoas do que com o próprio Deus. Isso me trazia uma insatisfação, pois eu percebia que era muito mais emoção do que uma realidade. Mas os anos foram passando e eu acabei me acostumando. Até que chegou um dia em que eu necessitei viver uma transformação que me levou a buscar a Deus de forma mais pessoal como nunca antes. Saiba que os processos que passamos na vida não são para nos destruir, mas nos construir e alinhar a nossa identidade e propósito. Então chegou o meu dia de ter a minha experiência sobrenatural com Deus, que me fez conhecer verdadeiramente quem Ele é, e o quanto me ama.

Eu vivi muitas experiência sobrenaturais, mas o que eu quero relatar aqui não é sobre mim, mas é sobre Ele e para a Glória dEle. Então venha comigo viver o extraordinário de Deus, que quer se revelar a você também. Infelizmente existem muitos religiosos dizem que é impossível entrar nessa atmosfera tão gloriosa que é o Santo dos Santos e ter contato o nosso Deus e Pai, mas, acredite, através da Cruz, Jesus Cristo, o filho de Deus, tivemos acesso à presença que somente os sumos sacerdotes podiam entrar no tabernáculo como está escrito Hebreus 5, na Velha Aliança.

Mas o véu foi rasgado (Hebreus 10.20) "Pelo novo e vivo caminho, isto é, pela sua carne". Cristo nos conectou através da Sua morte ao Pai, o véu do Santo dos Santos rasgou-se de cima a baixo (Mateus 27:51). Infelizmente, muitos, atualmente, vivem como no Antigo Testamento, esperando que alguém se conecte com Deus por ele, e vivem uma dependência humana, sem usufruir da liberdade e intimidade que lhe foi outorgada há mais de 2000 anos. Hoje, temos acesso direto ao Pai no nome de Jesus, precisamos sair da zona de conforto, deixando a timidez de lado e começarmos a assumir a nossa liberdade espiritual, pois foi para isso que Deus enviou o seu único filho, para nos trazer de volta para Ele, e não para quando morrermos, irmos para o Céu, mas é aqui na terra, com a presença do Espírito Santo habitando em nós para manifestarmos a sua presença por onde passarmos e, assim, viveremos o sobrenatural. "Eis que estou convosco todos os dias, até o fim dos tempos" (Mateus 28:20).

Vou compartilhar alguns dos momentos incríveis de quando vivi o sobrenatural e te impulsionar para que você também alcance essa liberdade e manifestação, para que todos saibam que "Deus é invisível, mas Ele é real e sobrenatural".

"CORRE, MÃE, SEU FILHO RESSUSCITOU!"

Meu Filho Jônatas, aos 8 meses, ingeriu uma grande porção de talco que imediatamente bloqueou a sua respiração, tendo tido várias tentativas de socorro para que ele tornasse a respirar, mas não tivemos êxito. Chegando na emergência do hospital, ele já não respirava mais. Na ocasião, foram feitos os procedimentos para ressuscitá-lo, mas nada acontecia. Foi quando eu fui impulsionada a ir em direção a uma janela no final do corredor, pois eu queria olhar para o céu, pois sabia que Deus iria ouvir o meu clamor. Então clamei pedindo a Ele que ressuscitasse meu filho, como Ele havia ressuscitado o filho Dele, Jesus Cristo. Foram essas as palavras de socorro que saíam de uma mãe que estava diante do filho sem vida. A minha esperança foi tão forte que deixei meu filho com o médico e corri para falar com Deus, pois era o sobrenatural que eu precisava naquele momento. E não durou 2 minutos, eu senti uma paz no meu coração e de repente ouvi o médico gritando "Corre, mãe, seu filho ressuscitou!". Eu continuei com meus olhos fixos no Céu, extasiada, e antes de correr para pegar meu filho em meus braços, eu disse: Pai, antes eu Te conhecia só de ouvir falar, mas hoje os meus olhos Te veem. Tomei meu lindo filho nos braços aos prantos de tanta gratidão. Jônatas viveu muitas histórias sobrenaturais que não terei espaço para contar aqui. Hoje ele está com 36 anos de vida, casado, tem um filhinho lindo, o Lucca, e tem uma profissão que resgata vidas, é um Sargento do Corpo de bombeiros Guarda-Vidas e já resgatou muitas vidas da morte. Meu filho é marcado pelo sobrenatural de Deus e segue honrando a sua aliança com Jesus por onde passa.

ESTA NOITE, JESUS CRISTO VAI ENTRAR NESTE QUARTO!

Meu filho David, aos 9 meses, iniciando aos seus primeiros passinhos, escorregou e bateu as costas, mas parecia só um tombinho de leve, passei a mão para acariciá-lo e ele voltou às aventuras de tentar andar, mas, quando foi no outro dia, ao trocar a fralda dele, vi que havia uma mancha enorme escura nas costas dele. Corremos para hospital, mas aquela pancada, havia se tornado uma celulite e atingiu vários órgãos dele. Internaram ele imediatamente e ali começou a luta para salvar meu menininho daquele quadro terrível que foi crescendo um poucas horas. Até que, no final dia, os médicos foram no quarto e disseram que meu filho corria risco de vida e eles iriam ter que fazer uma cirurgia urgente. Pediram 6 pessoas para doar sangue, pois iria precisar, mas a chance dele sobreviver era muito baixa.

Eu e meu esposo olhamos um para o outro e uma força surgiu dentro de nós e reagimos através da nossa fé, mesmo respeitando a decisão dos médicos, mas ardia em nós uma força incrível, porque era uma cirurgia de risco e não estávamos dispostos a correr esse risco sozinhos. Eu, na minha ousadia de palavras proféticas, e meu esposo, na ousadia de fé e milagres, falamos ao médico essas palavras: "Doutor, nosso filho não vai precisar de cirurgia nem de doação de sangue, porque essa noite Jesus Cristo vai entrar nesse quarto e vai liberar o sangue dEle sobre o nosso filhinho David e vai curá-lo". O médico olhou com deboche para nós e disse: "Amanhã, logo pela manhã, ele será levado ao centro cirúrgico", e saiu do quarto. E a partir daquele momento, começou um vulcão transbordar dentro de nós, com fé violenta, mas confesso que sempre tinha uma voz dentro de nós dizendo que ele não iria sobreviver. Mas lembrei do dia em que Deus ouviu meu clamor diante do corpo do meu Jônatas e o ressuscitou imediatamente, então fiz da mesma forma, fui à janela do quarto e disse a Deus "Faz de novo e revela o Seu poder". E falei com Jesus, que entrasse naquele quarto e curasse meu filho, e foi uma noite de joelhos esperando Ele vir. Adormecemos na madrugada, prostrados ao chão, e nosso filho estava todo inchado. Segundo os médicos, os órgãos dele não estavam funcionando normalmente, e ele estava dopado.

Às 6 horas da manhã, a porta se abriu e eram os enfermeiros vindo buscar o meu bebezinho lindo para o centro cirúrgico. Levamos um susto e, ao nos colocarmos de pé, David estava sentadinho na cama, com as bochechas vermelhas e sem inchaço algum. Tomei ele em meus braços e ele pediu mamá. Pedi aos enfermeiros que chamassem os médicos de plantão que viessem ver o milagre que havia acontecido naquele quarto. Eles vieram e trouxeram um aparelho de ultrassonografia e foi feito o exame aos olhos de todos e não encontraram nada, colheram sangue dele e veio o resultado que o sobrenatural havia acontecido, nosso bebê havia sido curado. Voltei à janela, olhei para o céu e disse "Muito obrigada, Jesus, por ter vindo aqui e curado meu filho".

Hoje, David tem 30 anos, é casado, papai de uma linda princesinha, Marina, segue a carreira de Bombeiro Guarda-vidas junto ao seu irmão Jônatas, seguindo na mesma Missão de salvar vidas. Meus filhos são marcados pelo sobrenatural de Deus e nos enchem de orgulho de serem amigos de Deus.

COMO ALCANÇAR O SOBRENATURAL?

Diante de várias situações em que vivi o sobrenatural, como não teria como relatar tudo aqui, venho revelar a você, resumindo, de que forma fui levada pelo Espírito Santo a experimentar esse mover glorioso de Deus. Há mais de 40 anos tive um encontro real com Deus, através de minhas buscas por ter uma experiência particular com Ele, minha sede por conhecê-Lo. Meu esposo, vendo o quanto eu desejava conhecer a Jesus com mais clareza, passou a orar junto comigo todos os dias em uma busca incansável pela presença de Deus. Foi então que fomos marcados pelo poder do Espírito Santo e nos tornamos tão sensíveis a Ele que passamos a usar com sabedoria os dons, tendo nosso espírito se conectado ao Espírito Santo de verdade, e não pelas emoções ou ilusões. A partir daí, recebemos o Reino de Deus que não é natural, pois o Pai, o Filho e o Espírito Santo são sobrenaturais e importa que seus adoradores Os adorem em espírito e em verdade, "porque o Pai procura a tais que assim o adorem" (João 4:23).

E tem sido assim, vivendo dia a dia experiências em nosso lar, com filhos, família, igreja e onde Deus tem nos levado a experimentar da grandeza do amor de dEle com a Sua criação. Você foi criado para manifestar a presença dEle em tudo que faz. Fomos criados a Sua imagem e semelhança, e temos, dentro de nós, o Seu poder para manifestarmos e revelar o Seu amor. Cristo em vocês, a esperança da glória (Colossenses 1:27).

"Fomos criados à imagem e semelhança de Deus, e temos dentro de nós o Seu poder para manifestarmos!"

Pra. Mônica Silva

PEDRO ALEXANDRINO

Estou muito feliz em poder compartilhar com você um pouco da minha história, detalhes que não tive a oportunidade de dividir com muitas pessoas até o presente momento. Construiremos juntos uma colcha de retalhos, diversos pedacinhos de tecido que, no final, irão formar um lindo mosaico.

Vou me apresentar de forma breve. Meu nome é Pedro Alexandrino, sou casado com uma esposa maravilhosa, a Raffa. Tenho dois filhos preciosos, Daniel e Leonardo, verdadeiros presentes de Deus. Nasci em Belo Horizonte, Minas Gerais, mas depois que finalizei a etapa mais difícil da minha vida, que foi passar pelo processo cirúrgico do Léo, meu filho caçula, Deus nos levou para Divinópolis, cidade natal da minha esposa, onde moramos atualmente e exerço a função de pastor da Comunidade da Graça em Divinópolis.

diariodaraffa

+55 (37) 99807-8155

25 O QUE NOS MANTÉM DE PÉ?

Por Pedro Alexandrino

Apesar de nascer num lar com princípios cristãos, meu pai não era um bom exemplo a ser seguido. Ele constantemente dizia para seus amigos que Deus gostava muito dele, pois ouviu a sua principal oração, que era: "Deus, não deixe que os meus filhos sejam como eu. Que eles sigam por outro caminho. Que eles possam prestar mais atenção nas minhas palavras que nas minhas atitudes". Algumas vezes, meu pai debochava um pouco dos cristãos, pois não conseguia ver sinceridade e exemplo naqueles que deveriam ser o verdadeiro reflexo de Cristo na Terra.

Mesmo com esse pensamento, o pontapé inicial para que eu conhecesse a igreja veio através do meu pai. Em um belo dia, ao passar por dificuldades na sua vida pessoal, ele decidiu entrar na primeira igreja que viu aberta, e assim começou sua jornada pessoal com Deus. Pouco tempo depois, toda a nossa família estava frequentando uma igreja cristã bem no centro de Belo Horizonte.

Minha adolescência foi recheada de dificuldades em todas as esferas: financeira, brigas familiares, problemas com drogas na família etc. Passei por todo tipo de situação que você possa imaginar. Mas, ainda assim, eu tentava seguir o principal direcionamento que existia na nossa casa: o de ser uma pessoa que "daria a volta por cima". Dessa forma, eu fui um dos primeiros na minha família a concluir o ensino superior, e mesmo com tantas adversidades, consegui dar um alívio para a minha mãe quando passei no concurso público para trabalhar em um banco. Daí para frente, a vida começou a tomar um outro rumo.

O próximo passo era o casamento. Parecia algo distante demais para mim, pois não tinha experiência com mulheres. Na verdade, nunca havia me envolvido com nenhuma, nem mesmo dado um beijo. No entanto, isso não me impedia de me apaixonar facilmente por qualquer pessoa que fosse simpática comigo. Tive várias desilusões amorosas, embora fossem mantidas em segredo, até que conheci a Raffa, minha esposa, de uma forma inusitada. Se eu soubesse que seria como foi, certamente teria dedicado mais tempo aos meus amigos, família e, principalmente, a Deus. No entanto, quase tudo relacionado aos meus relacionamentos girava em torno de um possível encontro com o meu "grande amor".

Depois de um ano e dois meses, Raffa e eu nos casamos, em novembro de 2014. Foi um casamento lindo, apesar das limitações financeiras. Recentemente, encontramos o fotógrafo do nosso casamento, que nos disse que até hoje não havia registrado um casamento tão maravilhoso quanto o nosso. O que ele não sabe é que o que tornou tudo perfeito não foi apenas o bom gosto, mas principalmente a presença do Deus Todo-Poderoso naquele lugar. Por motivos profissionais, decidimos continuar morando em Belo Horizonte, a cidade onde nossas vidas já estavam estabelecidas em todos os aspectos.

Poucos anos depois, decidimos fundar nossa própria empresa, e Deus nos abençoou nesse processo. Conseguimos crescer, ganhamos reconhecimento e nos tornamos uma referência em nossa cidade. As coisas estavam indo muito bem. Devido ao sucesso da empresa, tomamos a decisão de que eu deixaria minha carreira no banco, onde havia trabalhado por 10 anos, para me dedicar integralmente ao nosso negócio. Isso uniu ainda mais a família, pois agora todos compartilhavam um mesmo propósito. Foi nesse contexto que nosso primeiro filho, Daniel, veio ao mundo.

Daniel sempre foi muito saudável. Nunca tivemos nenhum problema com ele. Na verdade, ele era tão tranquilo que, em alguns momentos, mal parecia que tínhamos uma criança em casa. Isso fez com que o desejo de ter um segundo filho crescesse, e decidimos reativar o "protocolo gravidez, parte 2". No entanto, a gravidez de Léo foi um pouco mais complexa. Estávamos completamente envolvidos em compromissos de trabalho. Nossos dias giravam em torno da empresa, e, embora amássemos a Deus acima de todas as coisas, Ele certamente deixou de ser uma prioridade em nossas vidas naquele momento. Afinal, o trabalho parecia ser mais urgente.

O Léo nasceu após um parto complicado. A quantidade de ferro no corpo da Raffa era insuficiente, e bolsas de sangue foram preparadas, caso uma transfusão fosse necessária. No entanto, nada disso foi necessário, e nosso pequeno Leãozinho veio ao mundo. No entanto, algo oculto estava prestes a se revelar. Cerca de 20 dias após a alta hospitalar do Léo, percebemos que sua barriguinha estava um pouco inchada, e ele vomitava tudo o que comia. O levamos ao pediatra, que recomendou a internação imediata. Assim, fomos ao hospital, onde ele foi internado, e o diagnóstico apontou para intolerância à lactose como a causa do inchaço abdominal e dos vômitos. Durante um ano e meio, lutamos contra esse problema inexistente, de acordo com os médicos.

Certo dia, após uma noite em claro devido aos vômitos frequentes de Léo, decidi ficar em casa. Durante a tarde, enquanto a Raffa atendia alguém, eu cuidava do nosso filho, até que ele vomitou um líquido verde. Algo me disse que isso era grave, e corremos com ele para o hospital. Ao chegarmos lá, nos asseguraram que não era um caso cirúrgico e que não precisávamos nos preocupar. No entanto, uma das médicas comentou: "Ah, se ao menos fosse o plantão do Dr. Leonardo, porque ele é excepcional". Coincidência ou não, depois de passarmos por mais de 20 médicos e residentes que examinaram o "bebê da barriga inchada", o tal Dr. Leonardo entrou. Na verdade, Deus estava com ele, e provavelmente ele nem sabia disso.

Ele realizou uma avaliação inicial e solicitou a inserção de uma sonda em Léo. Após algum tempo, ele retornou com um semblante de preocupação e disse: "Olha, tenho uma suspeita do que pode estar acontecendo com seu filho, mas, para termos certeza, só poderemos confirmar abrindo sua barriga e fazendo uma verificação interna". Quando ele mencionou a necessidade de abrir a barriga, meu estômago se revirou. Ele continuou: "No entanto, devido à gravidade da situação, preciso levá-lo imediatamente para a sala de cirurgia, pois há evidências de que as fezes estão alcançando os pulmões dele, e, se não agirmos de imediato, ele poderá morrer em breve". Foi um golpe devastador, um nocaute que me pegou de surpresa, como se estivesse em um ringue e não tivesse visto o golpe avassalador se aproximando.

A partir desse momento, Léozinho ficou conhecido em todo o hospital como o "bebê do óbito". Ninguém tinha esperanças de que ele sobreviveria.

No entanto, só descobri esse apelido meses depois de deixarmos o hospital. Mas até que esse dia chegasse, a jornada parecia interminável. Após a equipe levar o Léo para o bloco cirúrgico, retornei ao quarto para pegar minhas coisas, e, naquele momento solitário, chorei como nunca antes na minha vida. Ver meu filho após as quatro cirurgias, um simples bebê totalmente dependente de medicamentos, foi emocionalmente demais para mim.

Certo dia, durante a madrugada, um fisioterapeuta foi ajustar os equipamentos respiratórios do Léo e, sem querer, desconectou o tubo de oxigênio. Isso causou um grande tumulto no quarto! Eu só conseguia dizer: "Deus, não é possível que, depois de enfrentar todo esse processo doloroso, meu filho vá morrer por causa de uma manipulação incorreta de um equipamento". E de fato, não estava nos planos de Deus que a história do Léo terminasse ali. Uma equipe altamente qualificada veio socorrê-lo, e em poucos minutos, a situação foi controlada.

Lembro bem do dia que o Léo abriu os olhos. Foi literalmente Deus nos dando uma segunda oportunidade de aproveitar melhor os nossos dias com o Léo. Aquilo foi um milagre do Pai sobre nós, pois o risco de infecção generalizada era enorme. As drogas usadas para controlar o quadro eram fortíssimas, e, para piorar, como o Léo não conseguia comer, seus níveis de vitaminas estavam perigosamente baixos. O abrir de olhos dele foi, literalmente, contemplar o milagre da vida se reerguendo diante dos meus próprios olhos.

No total, passamos cerca de 45 dias no hospital, sendo 23 deles no CTI. A conclusão a que cheguei é que a tempestade chega para todos, independentemente de suas crenças, valores ou posses. A vida é um ciclo, e em um dia estamos no topo, no outro, embaixo. Minha vida estava, aparentemente, indo bem. Eu estava vivendo um excelente momento profissional, minha família estava em ordem, e tudo estava caminhando bem. No entanto, assim como as primaveras chegam, trazendo todas as suas cores, o outono também vem, trazendo a seca e a queda das folhas. Somente as árvores com raízes fortes permanecem firmes. E o que me permitiu sobreviver a tudo isso não foi minha força de vontade, mas sim o alicerce da minha fé no que é verdadeiro, construído sobre a Rocha. Eu vivi o sobrenatural de Deus.

José estava em casa na companhia de seus pais quando, repentinamente, foi vendido por seus irmãos e se tornou escravo. Daniel era um jovem inteligente quando a guerra irrompeu e o levou cativo para a Babilônia. Mas o que fez a diferença em suas vidas que os tornou vencedores? Eles estavam preparados para enfrentar a tempestade, com seus alicerces firmes em Deus. Assim como nas construções, o que mais importa não é o acabamento da casa, mas sim o alicerce, pois é ele que determina o sucesso e o fracasso diante das tempestades.

No final das contas, o Léo superou todos os procedimentos cirúrgicos, mas quem foi verdadeiramente transformado fui eu. Estar distante de tudo e de todos me permitiu enxergar Jesus como meu melhor amigo, aquele que me fez companhia durante todos os momentos no hospital. Meu caráter foi remodelado, meus valores foram ajustados, e saímos mais fortes do que quando entramos. No entanto, só consigo perceber isso hoje, ao olhar para trás. Talvez você esteja atualmente no "olho do furacão", enfrentando um problema e incapaz de ver soluções. Minha sugestão? Apenas confie no que o Senhor está fazendo. No fim, não se trata apenas da situação em si. É sobre um caráter transformado e um coração entregue. Confie. Nenhuma tempestade dura para sempre.

"Portanto, quem ouve estas palavras e as pratica é como um homem prudente que construiu a sua casa sobre a rocha. Caiu a chuva, transbordaram os rios, sopraram os ventos e deram contra aquela casa, e ela não caiu, porque tinha seus alicerces na rocha." (Mateus 7:24-25)

“O que mais importa não é o acabamento da casa, e sim o alicerce, pois é ele quem determina o sucesso ou o fracasso diante das tempestades.”

Pedro Alexandrino

RAFFAELA COTA

Meu nome é Raffaela Cota, conhecida como Raffa pelos mais próximos. Sou casada com Pedro Alexandrino, pastor e pai dos meus dois preciosos filhos, Daniel e Leonardo, heranças de Deus, através de quem tenho sido moldada pela maternidade. Sou pastora de um povo apaixonado por Jesus na Comunidade da Graça em Divinópolis, Minas Gerais. Abri mão da minha carreira profissional como confeiteira após uma "grande tempestade" e, hoje, me dedico integralmente à obra de Deus.

Há 8 anos, venho realizando *lives* em minhas redes sociais a fim de inspirar e incentivar pessoas ao recomeço e ao amor a Cristo através da leitura bíblica. Também faço um trabalho com mulheres desde 2022, ajudando-as a buscar por cura e libertação de feridas na alma usando como ferramenta as promessas divinas. Minha missão é anunciar ao mundo como encontrei um "propósito na dor", compartilhando minhas próprias experiências com o intuito de levar esperança e alívio para os cansados.

diariodaraffa

cotaraffa@gmail.com

26 ENTREGAR O CONTROLE A DEUS É NÃO TER PLANO ALGUM!

Por Raffaela Cota

O título deste capítulo reflete o que aprendi depois que a "grande tempestade" da minha vida passou!

Desde muito nova, fui ensinada acerca do que Jesus fez por mim na cruz. Minha mãe me levou pela primeira vez a uma igreja evangélica quando eu tinha 6 anos de idade, onde cresci cantando músicas como *Pedro, Tiago* e *João no barquinho*. Fui ensinada a crer, confiar e exercitar a fé sempre que algo não estava bem. Aos 14 anos, vivi uma experiência sobrenatural com Deus dentro do meu quarto, ouvi a voz do Espírito Santo, abri verdadeiramente meu coração a Ele e fiz uma aliança sincera, entregando a Deus a minha vida, mente e futuro.

Assim como muitas pessoas, eu sempre gostei ter o controle de tudo na palma das minhas mãos! Eu amava a Deus, reconhecia que Ele era o salvador e Senhor da minha vida, mas também gostava de sonhar, imaginar e projetar meu futuro! Passei 32 anos tendo a certeza de que, se algo saísse do meu controle, eu certamente já tinha um plano B. Minha mãe me criou sob o discurso de vencer na vida, conquistar o mundo, "correr atrás" e se "virar nos trinta". Quando achava que não ia conseguir, ela me empurrava para a frente e dizia: "Você precisa ser independente, vamos, você consegue!". Desde criança, era estimulada a ser independente e a tomar minhas próprias decisões. Crescer, conquistar, fazer as coisas acontecerem sempre foram palavras que mexeram comigo, pois, mesmo sem maturidade para entender o que realmente isso significava, eu me tornei uma jovem que acreditava que deveria arregaçar as mangas e lutar pelos meus projetos, pois nada cai do céu e eu precisaria fazer por merecer.

Cresci com uma mente empreendedora, sempre fui muito ousada, destemida e corajosa, e quando eu queria algo, criava projetos e acreditava que eles dariam certo, não importava o quanto aquilo me custaria. O mundo dos negócios sempre me atraiu, talvez porque vi, desde criança, meus pais vivendo do empreendedorismo. Tudo o que eu fazia, existia o plano A, B e C, para que, caso algo saísse fora do meu controle, não demoraria muito para executar uma outra opção. O controle me trazia prazer, segurança, conforto, elevava minha autoestima, minha capacidade e me fazia acreditar que tudo dependia apenas de mim e do meu próprio esforço. Era literalmente uma guerra interna, entre a carne e o espírito. Uma parte dentro de mim sempre buscou temer a Deus e andar em seus caminhos, mas outra parte lutava para conseguir controlar a minha própria história.

Em junho de 2021, no meio da pandemia, meu filho de apenas um ano de vida começou a vomitar fezes na sala da nossa casa, deixando meu marido e eu desesperados e com muito medo. Corremos para o hospital com aquela criança desfalecida, pálida e abatida. Então, aconteceu o que eu mais temia - Deus me pediu para entregar o controle nas mãos dEle. Eu nunca havia vivido uma experiência tão forte com relação à enfermidade. Nunca havia estado dentro de uma UTI e não fazia ideia do que era andar por um corredor de hospital durante vários dias. Tudo era novo, assustador e imprevisível.

Não sei se você já enfrentou alguma situação de enfermidade dentro de um hospital, mas lá é, literalmente, a escola de Deus. Você não consegue e não pode contribuir com nada, além de ser um bom acompanhante. A única coisa que se pode fazer é esperar!

Esse meu filho, Leonardo, nasceu com duas doenças raras no intestino grosso. A primeira, por conta de uma má-formação durante a gravidez, nasceu com o intestino torcido, impedindo as fezes de percorrer da maneira correta. A segunda doença foi diagnosticada após 4 cirurgias na região abdominal, a doença de Hirschsprung, que basicamente é a ausência de células nervosas nos músculos de uma parte ou de todo o intestino grosso. O principal sintoma é a incapacidade de evacuar, deixando a barriga inchada e ocasionando muitos vômitos. No caso do Léo, ele armazenou fezes por um ano e três meses dentro da barriga, até que seu organismo começou a expulsar pela boca naquele dia de maneira assustadora. O levamos a vários especialista à durante esse período e todos os médicos diziam que ele era intolerante a lactose, e por isso o tratamos como alérgico durante todo esse tempo. Tínhamos um diagnóstico errado nas mãos.

A história tem muitos detalhes que não seria possível registrar em poucas páginas, porém eu gostaria de compartilhar com você, querido leitor, o quanto fui uma pessoa que sempre quis ter o controle da minha própria vida, mesmo caminhando com Cristo e o reconhecendo como meu Senhor. Sempre ensinei meus amigos e seguidores a confiarem em Deus e deixá-lo no comando do barco de suas vidas, até que, um certo dia, a tal grande tempestade chegou. Assim como na parábola contada por Jesus no versículo 25 do capítulo 7 do evangelho de Mateus da Bíblia Sagrada, veio a chuva forte, os rios transbordaram, os ventos sopraram e derrubaram a construção de uma vida inteira. Essa construção era a minha maneira de pensar, a forma como eu enxergava a minha vida e como eu conduzia meus projetos e sonhos.

Como mencionei no início deste capítulo, fui ensinada desde criança a fazer por merecer e que bastava eu me esforçar para ser recompensada, porém, naquele momento no hospital, eu estava sentada em uma cadeira no CTI, vendo meu filho praticamente morto em cima de uma cama, todo entubado, pois não conseguia respirar. Tão pequeno, tão frágil, com uma bolsa de colostomia, sem previsão de melhoras, sem respostas. Até esse dia, não tínhamos o diagnóstico fechado e os médicos ainda não sabiam o que, de fato, meu filho tinha. O cenário era instável, vulnerável e, literalmente, imprevisível. Toda a equipe médica alegava que ele não sobreviveria, pois havia contraído fortíssimas infecções e bactérias e seu organismo estava muito fraco. Foram ao todo 45 dias dentro daquele hospital, sendo 23 dias de CTI, 4 cirurgias na barriga, e a remoção completa de todo o intestino grosso.

Eu posso dizer a você que o grande SOBRENATURAL de Deus em minha vida foi a transformação genuína do meu coração! Durante algum tempo eu acreditei que poderia ajudar os médicos, ofereci todo o meu dinheiro às custas de tratamentos, remédios e bons hospitais acreditando que poderia salvar meu filho da morte através da força dos meus braços. Passei dias bolando planos, ficava dentro do CTI com a cabeça ligada, pensando como eu poderia ajudar. Liguei para amigos, conversei com profissionais, pedi ajuda na internet, pensando ser capaz de criar estratégias para salvar a vida do Léo, mas todos os meus planos foram frustrados. Até que Deus falou ao meu coração: "Raffa, entregar o controle é não ter plano algum". Eu via as mãos do Senhor abertas e seus braços estendidos em minha direção, como alguém que espera receber algo.

Ele me deu a oportunidade de mudar a direção da minha vida, foi uma decisão consciente. Entregar o controle e não mais construir os planos A, B e C. Senti medo, chorei muito, era como morrer e nascer de novo (João 3:3). Afinal, para quem confia no Criador, pouco importa para qual rumo Ele vai guiar o barco da sua vida.

Hoje os tempos são outros, pois tudo que eu vivi gerou em mim uma nova visão acerca da vida, uma busca constante por ser cheia do Espírito Santo e receber dEle o fruto do domínio próprio a fim de conseguir controlar minha mente, meu coração e minhas decisões, em outras palavras, lutar contra a ansiedade. Tenho aprendido, dois anos após tudo isso acontecer, a viver um momento de cada vez, desfrutar do agora, me sentar para comer e poder sentir o sabor dos alimentos, sentir o ar entrando em meus pulmões, a água descer pela minha garganta, coisas que fazemos no automático. Hoje, entendo na prática e consigo sentir profundamente as palavras de Paulo aos filipenses: "Não andem ansiosos por coisa alguma" (Filipenses 4:6). É como se o Senhor dissesse no meu coração: "Raffa, não planeje nada para amanhã, eu estou no controle".

Meu filho Leonardo viveu o sobrenatural de Deus, seu intestino grosso foi inteiramente removido, a bolsa de colostomia foi transferida para o rebaixamento do intestino delgado, um ano após sua última cirurgia ele teve sequelas gravíssimas, com assaduras em carne viva em todo seu bumbum, e seu intestino ainda estava desregulado, fazendo com que ele evacuasse inúmeras vezes durante o dia. Hoje, ele é uma criança cheia de vida, suas feridas secaram, conseguimos vencer o processo do desfralde e ele consegue ir ao banheiro sozinho. O Léo carrega em sua pequena barriga as marcas das cirurgias e, assim como Jesus, as marcas da ressurreição.

Eu vivi o sobrenatural de Deus. Acredito que o maior milagre foi a capacidade de pensar fora da caixa, decidir mudar meu destino, recalcular a rota, renovar minha mente para, então, conseguir experimentar a boa, perfeita e agradável vontade de Deus para minha vida (Romanos 12:2). A condição do meu filho me levou ao mais profundo abismo de tristeza, angústia, ansiedade e medo. Quando pensei que a morte havia chegado em minha família, o Senhor soprou o fôlego de vida, fez novas todas as coisas, ressuscitou o que estava morto e trouxe esperança onde não havia mais vida. E, quando entendi que não é sobre quantos planos e quantas "cartas eu tenho na manga", mas sobre o que a vontade soberana de Deus é capaz de fazer, entreguei o controle a Ele.

Coloque sua vida nas mãos do Senhor.

Se quisermos parar de sofrer, de viver a angústia e a inquietação em relação ao amanhã, a atitude correta é entregar o controle da nossa vida (as escolhas e decisões) a Deus. Só Ele sabe o que é melhor para nós. Aceite o que foi e transforme o que será.

"Entregar o controle a Deus é não ter plano algum."

Raffaela Cota

SANDY MARGON

Sandra Margon, brasileira, residente há 18 anos nos Estados Unidos, CEO da Clever School, professora de inglês com especialização em línguas pela universidade de Cambridge, assessora de eventos e gestão hoteleira no Estado de Washington DC, coautora do livro Nascidas para Vencer, hoje pastora e fundadora do ministério Reciclando Nações.

Idealizadora da mentoria Reciclando Raízes, ajudo mulheres no desenvolvimento de sua autoestima através da reciclagem de emoções, potencialização e fortalecimento de suas habilidades, criando, assim, uma mentalidade de governo sobre todas as esferas de influência da sociedade.

Filha de pais adotivos e protagonista de uma grande história de superação, busco impactar vidas através do poder transformador da palavra de Deus.

pastorasandymargon

mrnnacoes2023@gmail.com

27

O QUARTO DO REENCONTRO

Por Sandy Margon

Significado de sobrenatural: que ultrapassa o natural, fora das leis naturais, fora do comum, extranatural.

Fui procurar a definição nos dicionários com o intuito de melhor exteriorizar, nos próximos parágrafos, a experiência única de fé e coragem que Deus me proporcionou neste último ano. Confesso que agora estou com Jesus no barco, mas já estive com Ele caminhando sobre as águas, e foi aí que percebi que de fato estava rompendo da normalidade ao sobrenatural.

Este ano foi um teste intensivo para mim, uma vez que trouxe a dor da perda de formas que eu nunca poderia ter previsto. A separação do convívio com os entes queridos e o impacto econômico severo derrubaram a estrutura em que minha vida estava baseada. A dor das perdas econômicas foi devastadora. Encontrar-me de repente em uma situação instável, sem saber o que o futuro traria, causou em mim um sentimento de pavor e incerteza.

Cada dia tornou-se um desafio, incerto e inconstante, em que aprendi a valorizar o que tinha e a reconhecer a importância da resiliência e adaptação. Perdi amigos queridos, afastados por circunstâncias além do meu controle. Cada memória tornou-se mais preciosa, cada distância sentida profundamente. A ausência deles tornou-se uma lacuna tangível, um lembrete constante do que eu havia perdido.

Eu também tive que lidar com o doloroso afastamento de parentes queridos em um país distante. O isolamento instantâneo e abrupto teve um efeito avassalador. A distância física e a impossibilidade de contato fizeram meu coração pesar sob a cruel realidade do afastamento. Eu estava sozinha, sem noção de como responder a essas perdas.

No entanto, em meu desespero, houve uma constante, uma luz que continuava a brilhar - minha fé. Ainda que em formação, ela se mostrou mais resiliente do que eu poderia imaginar. Minha fé tornou-se meu refúgio e minha força. Ela me guiou através do mais profundo desespero e me ajudou a encontrar a paz mesmo em meio à tormenta. A cada dia que passava, minha fé em Deus tornava-se mais forte, e meu vínculo com Ele, mais profundo.

O sentimento de perda e o isolamento me tornaram muito consciente da minha vulnerabilidade. Surpreendentemente, essa vulnerabilidade me abriu para uma conexão mais profunda com Deus. Cada súplica e cada oração vinha de um lugar de profunda necessidade e desejo de orientação. Durante este ano, me encontrei confinada em um único espaço, meu próprio quarto, onde toda a magnitude da minha perda tornou-se inescapavelmente real. Ainda assim, em meio ao vazio, comecei a descobrir um novo encontro com Deus. Ele permitiu que eu perdesse tudo e todos, expurgando os males superficiais da minha vida para que eu pudesse experimentar uma profunda comunhão com Ele.

Comecei a ver o mundo de uma perspectiva diferente, através da janela do meu quarto. Deus se comunicava comigo através das formas aparentemente mundanas - as nuvens que passavam, as árvores balançando ao vento e até mesmo o arco-íris após a chuva. Em tudo isso, percebi que Deus estava sempre falando comigo, se eu apenas parasse para ouvir.

Em meio à minha solidão, comecei a entender que as perdas em Cristo eram realmente ganhos. Pouco a pouco, descobri que aquilo que aparentava ser uma perda fenomenal, na realidade, era uma oportunidade para ver a glória de Deus. Dentro do confinamento desse quarto, tive uma visão sobrenatural. Deus estava me mostrando de maneira palpável a necessidade de amor neste mundo.

Ficar confinada em um quarto por um determinado tempo, por obediência a Deus, foi uma das provas mais desafiadoras da minha vida. Mesmo durante esse período de confinamento, eu liderava como pastora o ministério que hoje dirijo. Por muitos dias, tive que engolir minha própria dor para poder ministrar conforto àqueles que careciam. Essa percepção de amor é a profundidade que Deus queria que eu experimentasse e entendesse.

Aprendi, então, que nossa jornada não é apenas sobre nossas vontades individuais, mas sim, um trajeto para além de nós mesmos. Tudo o que vivemos tem um propósito maior, tudo é para a honra e glória de Deus. Houve dias angustiantes, onde não tinha o que comer, mas mesmo nessas horas, Deus provia. Como um farol de luz em meio à escuridão, a provisão sempre chegava. Ele demonstrava que, mesmo quando parecia que tudo estava perdido, Ele ainda estava no controle.

Por vezes, uma dor aguda de dente me consumia, deixando-me à mercê de longos dias de agonia. Ironicamente, foi nesses momentos de grande desconforto físico que comecei a vislumbrar uma dimensão mais profunda da presença de Deus na minha vida. Apesar da dor, sentia o toque curador de Deus, Sua presença se tornando mais forte e real.

Esse período de confinamento me fez perceber que, no meio de todo o sofrimento, eu não estava sozinha. Deus estava comigo, Ele habitava em mim. Sua força me sustentava no meio da dor e sempre provia alívio. Nesse quarto, experimentei a intimidade de Deus e Sua provisão de maneiras que, de outra forma, nunca teria conhecido.

Em uma dessas noites, durante a madrugada, enquanto orava, o Senhor Jesus me conduziu a uma jornada introspectiva. Foi uma noite em que Deus me direcionou para a minha existência, para as profundezas da minha identidade. Inúmeras perguntas pairavam sobre mim, buscando entender o motivo daquele deserto, daquela fase de intenso sofrimento.

Foi nesse momento que ouvi Deus me dizendo para ir para as raízes, para voltar ao início, para o meu nascimento. O Salmo 139:6 tornou-se claro em minha mente: *"Seria impossível não acreditar que tu me conheces completo - por dentro e por fora. Conheces cada osso do meu corpo, conheces exatamente como fui formado, por amor moldado na intimidade da mais profunda escuridão antes que eu visse a luz do sol"*.

Deus estava me mostrando que, para entender Sua obra e Seu propósito, eu precisava ir até as entranhas do meu ser, até a minha concepção. Precisava entender o quão complexa e maravilhosamente eu tinha sido criada. E, sobretudo, entender que essa jornada com Deus, esse deserto de sofrimento, era parte da Sua obra contínua em mim.

Nessa noite, percebi que tudo aquilo tinha um propósito. Eu não estava simplesmente vivendo um momento aleatório de sofrimento, mas, sim, sendo refinada, moldada e preparada para algo maior. Todos os momentos de dor e incerteza eram apenas uma parte do plano grandioso que Deus tinha para mim. Deus usava cada instante da minha vida para me moldar de acordo com o Seu maravilhoso propósito.

Nesse momento, a minha alma ansiava por Sião, queria voltar às raízes do meu Criador, pois eu sou enxertada Nele e Ele em mim. Esse processo foi um resgate da minha identidade, um reencontro com meu verdadeiro eu. Foi, então, um retorno à fonte do meu amor, uma reafirmação do meu amor apaixonado pelo meu Criador, Jesus.

Entendi, de uma forma mais profunda, que era Ele quem me purificava, me sustentava e me adornava. Era necessário passar por todo aquele sofrimento para potencializar a presença e a autoridade do Espírito Santo em mim. Eu me via como o apóstolo Paulo quando orava ao ser esbofeteado, conforme mencionado na passagem bíblica (II Coríntios 12:7-9), e o Senhor lhe dizia: *"A minha graça te basta, pois o meu poder se aperfeiçoa na fraqueza"*.

Aprendi a obedecer em meio às tormentas, confiando que Deus estava comigo no barco. Em meio à tempestade, Deus estava ensinando-me a viver sob a Sua graça. Essa graça é a capacidade de viver segundo a Lei, não por minha própria força, mas pela força do Espírito Santo que habita em mim. Era a confirmação de que mesmo no meio da provação, Deus estava comigo, proporcionando a paz e a segurança que só Ele pode dar.

Concluindo, o sobrenatural que vivi foi aprender a adorar em meio à dor e às perdas. Não era sobre apenas estar sozinha, mas sim, sobre estar sozinha e não me sentir desamparada. Foi aprender a potencializar a presença de Deus enfrentando meus medos. Assim como Pedro, que mesmo conhecendo Jesus, permitiu que o medo o fizesse afundar, conforme relatado em Mateus 14:22-33. No entanto, o Senhor me salvou.

Jesus não somente estendeu Sua mão para me salvar de afundar, mas também entrou no barco da minha vida e me redirecionou ao caminho do propósito. Foi um momento de clareza divina, onde finalmente entendi minha identidade e meu propósito. Essa experiência me proporcionou um entendimento mais profundo sobre quem eu sou em Cristo e a missão que Ele me confiou.

Hoje, ajudo as pessoas a redescobrirem o poder do verdadeiro amor que só se encontra em Jesus. Alegra-te, Sião, pois o teu Redentor vive! Esta lição, extraída do episódio mais difícil da minha vida, é um testemunho do poder e do amor de Deus, e é um convite a todos para confiar e viver na maravilhosa graça que só pode ser encontrada em Jesus.

Viver o sobrenatural requer ousadia, coragem. Trazer a responsabilidade para nós mesmos, desenraizar as ervas daninhas da alma, limpar o nosso coração de todas as mentiras que aceitamos durante nossa jornada em busca do nosso propósito.

Hoje, vivo da suficiência da Graça, experimentando a plenitude do Espírito. Milagres e maravilhas fazem parte do cotidiano dessa filha amada por Deus que, através da dor, aprendeu a confiar e viver de uma fé genuína e racional, não mais sendo levada por gritos de uma alma ferida e desnorteada.

Que a paz que excede todo entendimento possa fazer morada nos corações que estejam lendo este capítulo e tenham a convicção de que tudo o que estiver desalinhado dos planos de Deus para o cumprimento do Seu propósito em sua vida não prevalecerá. Que possamos viver o sobrenatural de Deus, crendo em Sua boa, perfeita e agradável vontade, que é a vontade soberana do Senhor.

A Deus, toda honra e toda glória. Amém!

"A fé é o
oceano que
te possibilita
caminhar sobre
as águas."

Sandy Margon

SHEYLA LIMA

Meu nome é Sheyla Lima e sou casada há 15 anos com Eurico Henrique, a quem chamo carinhosamente de Príncipe. Terapeuta de casais, especialista em problemas familiares e traumas da infância, palestrante, psicopedagoga e professora de língua portuguesa há 23 anos, também atuo como colunista e apresentadora do programa *Lar e Família,* na Rádio Novo Tempo.

São 10 anos trabalhando com famílias e impactando vidas através de atendimentos pessoais, encontros de casais ou palestras realizadas pelo Brasil. Me sinto muito feliz em trabalhar com famílias cumprindo os propósitos de Deus.

Tenho como objetivo impactar pessoas para crerem que, quando nos colocamos nas mãos de Deus, Ele nos faz instrumentos para sermos canais de bênçãos. Quer me conhecer mais? Convido você a me seguir no Instagram ou entrar em contato comigo.

casaisemterapia_

+55 (11) 97564-3905

sheylalimaaa@gmail.com

28 CORAGEM PARA RECOMEÇAR

Por Sheyla Lima

Dez anos se passaram com profundas feridas na alma até conseguir escrever o que você lerá nas próximas linhas. Essa história ocorreu no ano de 2014, mais especificamente no dia quatro de julho. O Brasil estava em festa, afinal, era um ano de Copa do Mundo. Minha vida era boa, eu fazia exatamente aquilo que sempre sonhei. Pela manhã, eu dava aulas de português, à tarde atendia no consultório como psicopedagoga e tudo estava indo muito bem no meu casamento.

Era tarde de sexta-feira, dia do jogo do Brasil contra a Colômbia. Nos últimos minutos da partida, decidi tomar um banho e fazer uma escova nos meus longos cabelos aloirados pelas luzes que tanto amava. E foi nesse cenário que nasceu a minha maior dor. Ao sair do banho, dividi o cabelo para escová-lo, como sempre fazia. No primeiro movimento em que o enrolei na escova redonda para alisá-lo, toda a parte de trás do meu cabelo, acima da nuca, simplesmente se desprendeu do couro cabeludo e se espalhou pelo chão.

Não, você não entendeu errado! Foi exatamente o que aconteceu. Os meus longos cabelos dourados, simplesmente haviam se desprendido da minha cabeça sem dor, e eu nem percebi. Naquele momento, soltei um grito, a escova caiu no chão daquele banheiro, e a cena era de pavor, algo inexplicável.

Como assim? Como 30% do meu cabelo simplesmente caiu? Como isso era possível? Fiquei horrorizada diante daquela cena, e ali estávamos apenas meu marido e eu, tentando compreender o que tinha acontecido, sem nada fazer sentido.

Minha única reação era chorar e me prostrar no chão, enquanto orava, tentando ouvir daquele que tudo sabe, tudo vê, tudo pode. Naquela mesma tarde, entrei em contato com a minha médica, que sempre acompanhou minha saúde. Ela havia descoberto, quando eu ainda era adolescente, que eu sofria de hipotireoidismo, uma condição em que a glândula tireoide não produz hormônios suficientes para o funcionamento adequado, resultando em muitos sintomas.

No entanto, o contato foi em vão, afinal era dia de jogo do Brasil e o país estava completamente parado. Naquela sexta-feira, tudo estava muito confuso na minha mente e eu não sabia para onde recorrer. Todos estavam felizes com a vitória do Brasil, e eu estava ali, anestesiada, com uma mistura de sentimentos: medo, pavor, tristeza e preocupação.

Meu marido, sem saber como agir, ficou ao meu lado, tentando me acalmar e compreender o que estava acontecendo. Liguei para as minhas mães (tenho duas mães, uma de sangue e uma de coração), contei a elas tudo o que aconteceu e elas prometeram orar para acalmar meu coração naquele momento. Recorri à internet e passei a noite fazendo pesquisas, lendo sobre várias doenças e seus sintomas, mas nada parecia fazer sentido. Minha única esperança era ir à minha médica na segunda-feira para entender o que estava acontecendo.

Segunda-feira, às 8 horas da manhã, estava eu na porta do consultório, quando fui surpreendida com o aviso na porta: "Retornaremos nossas atividades no dia 09/07 devido aos jogos do Brasil". Li e chorei! Ter que esperar até quarta-feira para tentar entender o que estava acontecendo comigo foi angustiante. Foi difícil suportar a espera e ver que os cabelos continuavam caindo. O travesseiro estava cheio de fios que haviam caído enquanto eu dormia, e aquilo me causava pavor.

Talvez você esteja se perguntando por que não fui a outro médico. Eu fui, no mesmo dia. Ouvi aquilo que já imaginava: que, por não saberem dos tratamentos que eu já realizava, ficava difícil fechar um diagnóstico. Continuei minhas pesquisas pela internet, mas nada fazia sentido por completo.

A quarta-feira chegou! Estava eu logo cedo naquele consultório e fui a primeira a ser atendida. Contei tudo à Dra. Conceição de Ávila, que me conhecia e tratava de mim desde a minha adolescência. Após ouvir meu relato, ela disse: "Querida, como eu gostaria de lhe dar um diagnóstico e acalmar seu coração, mas essa não é minha especialidade. Tenho algumas suspeitas, mas, sem exames específicos, é difícil dizer com certeza. Vou lhe indicar alguns profissionais que poderão lhe ajudar melhor...".

Nem preciso dizer o quanto aquelas palavras aumentaram a minha dor. Não saber o que realmente estava acontecendo e sair em busca de um diagnóstico é uma experiência angustiante. A partir desse momento, me tornei um laboratório de experimentações médicas. Fiz de tudo ao meu alcance, incluindo tratamentos capilares na esperança de reverter a queda, mais de 15 injeções à base de corticoide no couro cabeludo, além de dezenas de vitaminas e remédios manipulados. No entanto, nada parecia deter a queda capilar.

Ao mesmo tempo que eu via meus fios de cabelo espalhados por toda a casa, embora raramente me olhasse no espelho, também pensava: "Tenho muito cabelo e logo isso vai parar, eles crescerão de novo". Era no que eu acreditava. Os dias passaram e ainda não havia um diagnóstico. Então, enquanto eu estava sentada em um banco de uma pastelaria, Fernandinho, o querido proprietário com quem costumava conversar, notou que algo não estava bem comigo. Eu contei sobre minha busca por um diagnóstico e, ao ouvir minha história, ele me indicou um médico dermatologista/tricologista experiente em São Paulo. Esse médico já havia tratado com sucesso um caso raro do pai de Fernandinho. Ele me alertou que o tratamento não era acessível, mas que, se alguém pudesse dar um diagnóstico, seria ele.

Ao mesmo tempo que tive esperanças, fiquei com medo de não conseguir pagar a consulta. No mesmo dia, liguei para buscar mais informações. Realmente, o valor não era acessível, e eu já havia gastado muito com outros médicos e tratamentos. Agora, tudo o que eu possuía era praticamente o valor da consulta. O Dr. Taffo só teria uma vaga disponível após 15 dias. Confesso que isso foi um desafio considerável. Além da ansiedade e do medo, meus cabelos estavam ficando cada vez mais ralos a cada dia que passava. Na maior parte dos meses de julho e agosto, eu optava por usar chapéus, lenços e muita maquiagem para encobrir a tristeza em meu rosto e o inchaço causado pelo corticoide, além da preocupação com algumas feridas que surgiram no meu couro cabeludo após as injeções.

Já em terapia para conseguir administrar tudo o que eu sentia e recusando-me a deixar de trabalhar para manter a mente ocupada e evitar a depressão, os dias continuaram a passar. O que achei interessante foi que minha fé, mesmo durante essa provação, não diminuiu; pelo contrário, ela cresceu. Parei de perguntar a Deus por que aquilo estava acontecendo comigo e passei a compreender que até no silêncio do Senhor há um propósito, mesmo que não entendamos no momento. Sempre apreciei a frase que diz: "Crises vêm e vão, revelando quem somos de verdade". Foi em meio a tudo isso, com muita oração e sabendo que as pessoas mais próximas também oravam por mim, que os 15 dias até a consulta se passaram, e o grande dia finalmente chegou!

Quis ir a São Paulo sozinha, eu realmente precisava disso. Orei intensamente para que o Dr. Taffo fosse um instrumento de Deus, capaz de me fornecer o diagnóstico e as orientações necessárias. Entrei na recepção e, mesmo vestida com a minha melhor roupa, sabia que estava ali apenas para obter o diagnóstico, uma vez que não tinha meios para prosseguir com o tratamento. Naquele momento na recepção, me senti como a história bíblica da viúva pobre que ofereceu tudo o que tinha como oferta no templo. Todo o meu dinheiro estava sendo dedicado à busca de um diagnóstico.

Ao entrar naquele consultório e, mais uma vez, em meio a lágrimas, comecei a contar tudo o que havia me acontecido. Antes mesmo de eu terminar meu relato e mesmo sem olhar os exames, aquele homem experiente, com cabelos brancos, disse: "Menina, você está passando por uma inflamação no couro cabeludo. Isso é uma doença autoimune chamada Alopecia Universal, resultado do seu hipotireoidismo, que certamente evoluiu para outra doença autoimune chamada Hashimoto". A consulta durou duas horas e meia, e ele explicou tudo em detalhes, de maneira pedagógica, para que eu realmente compreendesse. Fiquei perplexa, pois, durante todo esse período de quase dois meses, estive tão concentrada em meu cabelo que não percebi que não apenas meus cabelos estavam caindo, mas toda os pelos do meu corpo.

Chorei muito ali, mas também fui consolada por ele, que em sua bondade e compreensão de que eu não teria condições de dar continuidade a uma desintoxicação de medicações que me foram dadas de forma incorreta, me presenteou com mais três sessões. Disse a ele naquela tarde que eu havia compreendido que aquele tipo de alopecia não havia uma cura, mas que eu estava saindo dali com a certeza de que Deus estaria comigo por toda a caminhada.

Passaram-se praticamente 10 anos, e não pense que escrevo essas palavras sem derramar lágrimas. Enquanto eu as escrevia, parei algumas vezes para chorar, pois me lembro da dor de tudo o que passei, desde a minha busca até o próprio diagnóstico e o processo de ter que raspar a cabeça, tendo que enfrentar olhares de pena por estar usando lenços como se eu estivesse à beira da morte. Além disso, até hoje, os dias quentes e a praia continuam sendo meus desafios, já que uso diariamente perucas e próteses (*full lace*).

Quando olho para minha história, vejo o quanto precisei de coragem para recomeçar. Não podia simplesmente parar! Sempre fui uma garota e uma mulher sonhadora, e, por mais que doesse na alma, naquele momento, eu só tinha duas alternativas: parar ali e lamentar pela perda dos meus cabelos ou recomeçar.

Nem preciso dizer que, se você está lendo este livro, é porque minha escolha foi recomeçar. Eu vivi o sobrenatural de Deus. Minha vida mudou completamente ao longo desses 10 anos. Concluí meus estudos em Terapia Sistêmica Familiar, estabeleci meu consultório para casais e continuei trabalhando na área da educação. Hoje, diariamente, compartilho com milhares de famílias a história desse Deus especialista em recomeços. Minhas palestras pelo Brasil têm como objetivo espalhar esperança, pois compreendi, em meio à dor, que nenhuma oração passa despercebida aos olhos do Pai, e nenhuma lágrima é em vão quando nos submetemos a viver o sobrenatural de Deus.

E você, aceita recomeçar sua história?

“Em meio à dor, nenhuma oração passa despercebida aos olhos do Pai.”

Sheyla Lima

MISS. VANESSA GISLON FELSKY

Sou Vanessa Gislon Felsky, natural de Ibirama, interior de Santa Catarina, resido em Blumenau/SC desde os 2 anos de idade. Casada com Leandro, temos dois filhos, Manuela e Miguel. Sou filha do caminhoneiro Martin Gislon *(in memorian)* e da dona de casa Verena.

Esse testemunho edificará sua vida. Cada palavra foi direcionada pelo Espírito Santo. Toda a honra e gloria seja dada a ele.
"Se creres, verás a glória de Deus." (João 11:40)

O Senhor poupou minha vida ainda no ventre da minha mãe, para que hoje eu estivesse escrevendo este testemunho. Mas se eu disser que não será a minha história que mudará a sua vida por completo, mas sim o amor de Jesus, que morreu pelos nossos pecados naquela cruz, você crê? Te convido a desfrutar de novos tempos através desse amor que tudo sofre, tudo crê, tudo espera, tudo suporta (1Coríntios 13:7).

vanessa.felsky

+55 (47) 99942-1222

29 FRUTO DA PROMESSA DE DEUS

Por Miss. Vanessa Gislon Felsky

Sinta a presença de Deus através dessas simples palavras

Que honra poder dividir com você a história que o Senhor reservou para minha vida. Hoje eu tenho plena convicção, não cai uma folha de uma árvore sem a permissão de Deus. Então vamos mergulhar em águas mais profundas, afinal este momento já estava reservado no céu para nossas vidas. Muito do que eu vou contar aqui para você, em relação a minha infância, eu só fiquei sabendo porque minha mãe entendeu que Deus me chamou para um grande propósito de salvação de almas, para que o nome do Senhor fosse exaltado através do meu testemunho.

Venho de um lar não cristão, lugar onde a escassez financeira impediu de eu ser uma filha desejada, assim como a realidade de muitos lares, infelizmente. Minha mãe, ao descobrir que estava grávida, por medo de anunciar a quinta gestação ao meu pai, tentou me abortar. Foram muitos acontecimentos, entre eles um choque elétrico durante o banho. Ela relata ter ingerido whisky, sendo que não tinha por hábito ingerir bebidas alcoólicas nem mesmo fora das gestações.

Não bastasse isso, outro evento, alheio à decisão dela, atentou contra a minha saúde e até mesmo a minha vida. Durante a gestação, minha mãe contraiu sífilis devido à infidelidade do meu pai. Essa doença sexualmente transmissível é uma infecção que pode causar danos ao feto, entre eles má-formação, natimorto, prematuridade, sequelas neurológicas e, em casos mais graves, aborto espontâneo ou óbito após nascimento. Deus não permitiu nada disso, poupando a minha vida.

Sua bolsa gestacional rompeu no dia 18, porém meu nascimento só aconteceu 2 dias depois, em 20 de março de 1980. Naquele dia, a maternidade estava inaugurando um aparelho de ultrassonografia, raro para a época, principalmente numa cidade do interior. Minha mãe foi submetida ao exame, tendo sido constatado que o bebê estava vivo. Como ela mesmo fala, depois do nascimento, ela passou a me amar.

Minha infância foi pobre, morávamos de aluguel. Minha mãe se desdobrava entre o emprego, os afazeres da casa e o artesanato para criar os cinco filhos. Meu pai passava meses viajando e, quando retornava para casa, pouco contribuía financeiramente com a família. Estudei em escolas públicas, o material escolar era escasso, as roupas e os calçados muitas vezes eram de doações. Aos 9 anos de idade, iniciei minha jornada de trabalho sendo diarista. Aos 14 anos, tive meu primeiro emprego com carteira profissional assinada. Eu cresci com o sonho de me tornar uma profissional e por muitos anos batalhei por isso.

Aos 15 anos de idade, fui levada a uma experiência que hoje faz sentido na minha vida, mas confesso que na época eu não dei o devido valor. Era final de semana de verão, em uma cidade praiana. Fui levada por 3 mulheres conhecidas minhas na época a uma visita, e até o momento de chegarmos lá, eu não sabia que iríamos à casa de um macumbeiro, eu nunca havia estado em um lugar desses. Ao entrar, sentamo-nos em uma roda dentro dessa casa, e logo aquele homem pediu que eu me retirasse da mesa. A mulher que me levou perguntou o motivo, e ele respondeu com uma voz muito furiosa e diferente da que havia nos recebido, dizendo assim: "Ela precisa sair, porque ela é daquele lá". Imediatamente abriram a porta e me colocaram para fora. Eu só entendi que "aquele lá" era Deus muitos anos depois.

Quando somos separados por Deus, mesmo na nossa ignorância, Ele nos conduz a viver o propósito. Aos 19 anos, eu finalmente fui levada a conhecer o amor de Deus, O aceitei como único e suficiente Salvador, fui batizada pelos meus pastores na época Luiz Herminio e sua amável esposa Iraci, do ministério MEVAM. Glorifico a Deus por ter colocado homens e mulheres verdadeiramente dispostos a servir sua obra por amor. Porém, apesar de todo ensinamento, na época ainda jovem, brinquei com as coisas santas do Senhor, eu vivia entre a igreja e o mundo, ia para as baladas, vivia em fornicação, isso gerou graves consequências na minha vida. Aos meus 23 anos, Deus usou outro casal abençoado, a Bispa Mary e o Apóstolo Anderson, para me alertar que o diabo estava furioso e queria ceifar a minha vida; sinceramente, não dei a mínima importância.

Segui a minha vida de uma maneira rasa como eu estava acostumada a viver. Logo depois eu mal poderia esperar pelo que me aconteceria. Lembro de acordar um pouco indisposta em uma manhã de sexta-feira em novembro de 2003. Naquela semana eu tive febre por diversos dias e acabei me automedicando. Notei que tinham aparecido feridas na minha boca, mesmo assim eu fui para o banco, trabalhei o dia inteiro e, ao final do dia, decidi ir ao pronto-socorro. Ao ser atendida, o médico de plantão me falou que era uma amigdalite, receitou medicações e eu fui para casa. Naquela madrugada, meu estado de saúde se agravou. Já sem poder engolir a saliva decidi ir a outro hospital da cidade, porém o médico de plantão falou que eram aftas e me liberou para voltar para casa, sem pedir qualquer tipo de exame.

No dia seguinte, notei que a minha consciência já não estava normal, o corpo estava muito inchado, não conseguia mais engolir a saliva; eu tinha que colocar fraldas dentro da minha boca, porque se eu tentasse engolir, a dor era muito forte, mesmo com as medicações que eu havia recebido de ambos os médicos. Por volta das 13 horas de sábado, minha irmã Vera chegou à minha casa e, ao me ver naquele estado, resolveu que eu não poderia ficar em casa daquela maneira, me levou ao pronto-socorro, onde fui internada imediatamente.

Ao realizar os exames constataram que o grau de infecção no meu sangue estava muito alto, lembro de o médico orientar a equipe e, depois disso, eu adormeci, não lembro de mais nada. Devido às medicações, eu passava a maior parte do tempo dormindo. Tiveram momentos nos dias seguintes de eu ouvir pessoas falarem que o meu caso era preocupante. Porém eu não poderia imaginar tudo que eu ainda teria que passar, até o dia que fui tomada de um grande pavor, ao ouvir meu pai conversando com alguém ao lado do meu leito e dizer que minha mãe iria perder o que ela mais amava. Naquele momento, meus pais estavam separados. Meu coração se encheu de tristeza, ao pensar que meu pai poderia não estar preocupado com o que me aconteceria.

Durante a madrugada Deus me despertou, vi muitas medicações ao redor do meu leito. Recordo de abrir meus olhos e sentir uma forte dor na minha garganta. Naquele momento, comecei a clamar por socorro, orei para Deus e clamei. Se todas as promessas que Ele havia feito através dos profetas fossem verdadeiras, então que minha vida fosse poupada. Em troca eu prometi que serviria ao Senhor e propagaria o Seu Santo nome aos quatros cantos dessa terra. Naquele momento, eu senti a presença de Deus. Senti que o seu toque havia tomado conta de mim, recebi a cura das minhas enfermidades físicas e espirituais para honra e glória do Seu Santo nome. No dia seguinte, vi minha mãe entrar no quarto, sempre a primeira a chegar no hospital todos os dias, nos abraçamos e choramos na presença de Deus, pois Ele havia feito um grande milagre na minha vida.

A enfermidade foi um grande divisor de águas na minha vida, passei a dar valor às mínimas coisas. Mudou completamente a minha maneira de pensar, de agir e de falar. Passei a sentir a presença de Deus, a buscar incessantemente a Sua verdadeira face. Passei a viver momentos que jamais imaginei, minha vida passou a ser marcada por milagres e o mover de Deus. Hoje sou missionária, mãe, esposa, serva de Deus Todo-Poderoso, que salvou a minha vida para viver e pregar a verdade. Meu pai hoje dorme na Eternidade, partiu salvo e perdoado, minha mãe, através de suas orações, me ajudou a encontrar o caminho cujo Senhor preparou para minha vida.

Passei por inúmeras experiências até entender que Deus havia me escolhido da maneira que eu sou para propagar que Jesus está voltando, chamando o povo ao arrependimento dos pecados enquanto é tempo. Eu e você somos escolhidos por Deus para uma grande obra. Grande é a seara, porém poucos são os ceifeiros (Mateus 9.37). Quero te impulsionar a viver tempos novos, tempos de abundância, de presença de Deus, passar a ter uma vida de propósito, buscando verdadeiramente a face de Deus. Entrega o teu caminho ao Senhor, confia nEle, e o mais Ele fará (Salmo 37:5).

Hoje sou movida pela presença do Espírito Santo, não dou sequer um único passo sem convidá-Lo para estar presente. Sou livre em Cristo Jesus. A partir do momento que eu entendi que exatamente tudo que aconteceria na minha vida seria permissão de Deus, situações boas e ruins acontecem o tempo todo, porém estou caminhando para a Eternidade, lá não há choro nem dor. Não troque suas bençãos por um prato de lentilhas (Gênesis 25:34), não troque sua intimidade por um momento de fraqueza. Seja forte e corajoso (Josué 1:9).

Quero te convidar aceitar Jesus como único e suficiente Salvador da sua vida, a partir dessa oração todos os seus pecados serão perdoados. Deus irá mudar a sua vida, você passará a ter certeza da salvação eterna. Pois o que aproveitará o homem se ganhar o mundo inteiro, e perder a sua alma? (Mateus 16:26).

Oração da Salvação.

Senhor, quero Te aceitar como único e suficiente Salvador, escreve o meu nome no livro da vida, perdoa os meus pecados, Te convido para fazer morada dentro do meu coração. Amém.

Deus está dando uma grande festa no céu neste momento, pela sua vida. Glorifico a Deus por esta sabia decisão, agradeço a Deus por permitir que eu contasse uma parte da minha história para que o Seu Santo nome seja glorificado.

"Eu sou o caminho, a verdade e a vida. Ninguém vem ao Pai, a não ser por Mim." (João 14:6)

"O que você está vivendo hoje não define o que Deus tem reservado de extraordinário para você."

Miss. Vanessa Gislon Felsky

PRA. VIVIANE DAUAGE

Meu nome é Viviane Cristina de Bastiani Dauage, natural e residente de Ourinhos, São Paulo, e casada com Saulo Araújo Dauage. Sou pastora, ministra de louvor, líder local do grupo missionário de mulheres e do ministério de jovens e adolescentes juntamente com meu esposo, líder de células e fundadora e apresentadora do podcast *Pod em Cristo*.

Formada em Administração de Empresas e estudante de Educação Física, meu esposo e eu administramos nossa própria academia. Liderar, formar pessoas, discipular e pregar o evangelho são minhas paixões, e entendo que servir a Deus exige uma vida de renúncias e grandes desafios que são superados somente se estivermos firmados nos caminhos do Senhor.

pastoravivianedauage

Pastora Viviane e Pastor Saulo

viviesaulo

vivibastiani@gmail.com

Viviane e Saulo

30 JESUS É MAIOR QUE A NOSSA DOR

Por Pra. Viviane Dauage

Todos nós passamos por determinadas situações na vida nas quais somos provados no fogo em relação às nossas crenças. Apesar das provações serem diárias, sempre há um momento em que a prova parece maior do que conseguimos suportar, porém, Deus nos garante, em sua palavra, que não permite que isso aconteça. Comigo não foi diferente. Assim como você passou por situações difíceis ou ainda está passando, eu, aos 33 anos, vivi a maior aflição da minha vida. Este relato é para edificar a sua fé e mostrar que, com Deus, venceremos toda e qualquer adversidade que possamos enfrentar.

Vim de uma família muito unida, com pais e irmãos abençoados. Minha mãe foi sempre a base da nossa casa e a primeira a se converter. Aos 16 anos de idade, comecei a ir à igreja com ela e, em 2008, me batizei nas águas juntamente com a minha irmã. Iniciei minha caminhada com Cristo ainda jovem, e mesmo tendo nascido em um lar de tradição religiosa, não vivíamos uma vida voltada a cumprir os propósitos de Deus e em obediência à sua palavra. Minha jornada na fé foi sempre inspirada em minha amada mãe; consagrada a pastora, era uma mulher admirável em todos os sentidos e, foi graças a ela que conheci Jesus. Nossa relação foi sempre muito saudável e amorosa, e mesmo eu já sendo casada, nos víamos e nos falávamos todos os dias. Além de mãe, sempre foi minha conselheira, minha melhor amiga e tudo o que uma filha poderia esperar de sua mãe. Me sinto privilegiada por isso, sei que nem todos tiveram a mesma "sorte" que eu, muitos nem sabem quem são seus pais, ou ainda cresceram em um lar sem amor e não conhecem verdadeiramente o significado da palavra família. Desde que conheci a Cristo, soube que pregar a palavra de Deus era meu o chamado. Sabemos que o "ide" é para todos, mas isso queimava em meu coração de uma forma diferente.

Inspirada pelo chamado da minha mãe, meu marido e eu decidimos estudar teologia e buscar nossa formação pastoral. Éramos muito ativos na obra do Senhor e tudo corria bem, até que, repentinamente, as coisas começaram a mudar.

O ano era 2021, o mundo ainda estava em caos por conta da pandemia, a taxa de mortalidade do coronavírus subia a cada dia e ainda não havia uma vacina ou medicação que garantisse a cura. Nossa única fonte de esperança era a nossa fé, pois sabíamos que Deus estava no controle de tudo. Em maio deste mesmo ano, minha querida mãe, uma mulher forte e jovem, cheia de saúde, testou positivo para a covid-19. Os sintomas, ainda fracos, nos faziam pensar que seria apenas mais uma gripe, e que, passados alguns dias, a vida voltaria à rotina normal. Até que os sintomas pioraram, tornando necessário levá-la ao hospital da nossa cidade e, como a saturação baixou muito, teve que ser internada. Ela permaneceu cerca de 2 dias nesse hospital, e como não era permitido visitá-la devido ao alto risco de contágio, nos comunicávamos por mensagens via celular. Com a saturação caindo e o exame do pulmão mostrando um alto comprometimento, fui contatada pelo hospital e informada de que ela precisaria ser transferida para uma UTI. No entanto, o sistema de saúde naquele momento estava em colapso, não havia mais vagas em UTIs disponíveis, e quando surgiam, muitas vezes eram em outras cidades. Minha família e eu não queríamos acreditar que isso estava acontecendo conosco, afinal, sempre pensamos que problemas como estes podem acontecer em qualquer família, exceto na nossa.

Finalmente surgiu uma vaga na UTI da nossa cidade. Quando fui ao hospital onde ela estava internada, a fim de tratar da transferência, um enfermeiro permitiu que eu entrasse no quarto dela. Eu a abracei e não queria mais soltá-la; meu coração estava partido ao vê-la naquela situação. No entanto, o momento de despedida foi breve, já que a ambulância estava pronta para levá-la a outro hospital com leito disponível. Ela estava usando uma máscara de oxigênio e com muita dificuldade para respirar; infelizmente, essa cena ficou gravada na minha memória. Acompanhei do meu carro a chegada ao outro hospital, uma vez que não me permitiram ir na mesma ambulância que ela. Este foi o último momento em que estive pessoalmente com minha mãe.

Eu estava literalmente vivendo os piores dias da minha vida, mas não perdi minha fé. Orava incessantemente, jejuava e fazia tudo o que estava ao meu alcance, acreditando que esse pesadelo acabaria a qualquer momento. Na UTI, minha mãe não pôde ficar com o celular, então o hospital informou que um médico me ligaria uma vez ao dia para fornecer informações sobre sua situação. Minha família e eu vivíamos à espera desse telefonema, pois visitas não eram permitidas, e essa era a única maneira de sabermos como ela estava. Sua saturação não se estabilizava sem o uso de oxigênio, até que no Dia das Mães, em um domingo, me ligaram. Nem sei como descrever o que senti naquele momento; a dor era imensa. A médica me disse que seria necessária uma intubação para que houvesse alguma chance de melhora.

Era difícil de acreditar no que estava ouvindo. Parecia um filme de terror no qual eu não queria estar, um verdadeiro pesadelo. Quando a médica acabou de falar, disse que faria uma chamada de vídeo para que eu pudesse ver minha mãe antes de passar pela intubação. Eu estava praticamente sem condições, mas Deus me concedia a força diária necessária para suportar tudo aquilo, pois, se não fosse por Ele, eu não teria aguentado. E assim aconteceu. Fizeram a chamada de vídeo, e eu enxuguei as lágrimas para que minha mãe não as visse. Disse a ela que estava tudo bem e que tudo ia dar certo. Lembro-me de falar isso para ela. Minha mãe retirou a máscara de oxigênio e, com dificuldades na respiração, afirmou que tudo estava nas mãos de Deus. Mesmo em meio a tudo isso, ela mantinha sua fé inabalável em Jesus, como sempre ensinou a todos.

Eu disse que a amava muito e que em breve ela sairia de lá. Informei que nossa família, amigos e igreja estavam com saudades, e ela respondeu que também nos amava. Essas trocas de palavras de amor eram frequentes em nossa vida; todos os dias as repetíamos várias vezes. A conversa não durou mais do que 3 minutos, e a médica disse que precisava encerrar para realizar o procedimento. Esse foi o momento que vi e conversei com minha mãe pela última vez. O Dia das Mães foi nosso último contato.

Após isso, foram 25 dias que pareciam uma eternidade, 25 dias em que ela permaneceu entubada. Era um dia mais angustiante que o outro, pois eu aguardava a ligação com o temor do que ouviria do outro lado. A cada dia minhas esperanças oscilavam, e eu ansiava por notícias positivas sobre a recuperação dela. Durante esse período, meu pai também contraiu a covid-19 e também precisou de intubação, intensificando ainda mais meu desespero. As pessoas que eu mais amava estavam na pior situação possível. Finalmente, após 8 dias, para a honra e glória do Senhor, meu pai conseguiu sair recuperado, sem sequela alguma. No entanto, com a minha mãe, a história foi diferente. Eu esperava receber a mesma notícia sobre ela, porém, esse momento nunca chegou.

Certa manhã recebi uma ligação do hospital e a médica me informou que ela havia sofrido uma parada cardiorrespiratória e veio a óbito. Simplesmente larguei o telefone... meu mundo desabou, o chão sumiu debaixo dos meus pés e fiquei em estado de choque.

Depois disso, meu irmão assumiu as rédeas que, até então, eu estava segurando. Ele e minha irmã cuidaram de tudo e sou profundamente grata a eles por isso. Nunca pensamos que algo tão doloroso pudesse acontecer conosco, porém todos estamos sujeitos a passar por aflições, decepções e sofrimentos. O que nos motiva é saber que essa vida não acaba aqui e que Jesus nos prometeu uma vida eterna em um lugar onde não haverá mais choro ou dor, apenas o que há de melhor.

A saudade da minha mãe é constante, ainda dói, e muitas coisas nunca mais serão como antes. No entanto, graças a Deus, sei que em breve estaremos juntas novamente, no tempo de Deus, louvando e adorando ao Senhor, como costumávamos fazer aqui. Isso é o que Jesus nos prometeu em sua Palavra. Hoje, ela já desfruta do céu e de tudo o que pregou, leu e acreditou na Palavra do Senhor. Ela cumpriu seu chamado e propósito aqui na Terra. Não sabemos o quanto somos fortes até atravessarmos o vale. Podemos até falar que temos fé, mas só teremos certeza disso quando passarmos pelas provações. Hoje, vejo que Deus realmente me sustenta todos os dias e que, sem Ele, não posso fazer absolutamente nada. No pior momento da minha vida, o Espírito Santo esteve comigo, me consolando e me dando forças para continuar.

Eu não sabia como seria minha vida após tudo isso. Sabia que jamais deixaria de servir a Jesus, mas não via mais sentido nas coisas. Não tinha mais planos nem expectativas. No entanto, Deus me curou, mostrando que ainda tenho um propósito nessa vida.

Hoje, estou mais envolvida do que nunca na obra do Senhor. Novos projetos surgiram e cresci espiritualmente em todas as áreas, pois o Senhor me deu uma nova visão de tudo. Agora, minha vida é dedicada a levar o nome de Jesus para todos os cantos deste mundo.

É uma honra e um privilégio servir ao Senhor Jesus. Portanto, convido você, que leu até aqui, a recebê-lo em sua vida, se ainda não o fez. E se um dia já esteve na presença dele, mas por algum motivo se afastou, volte hoje para os seus braços. Enquanto houver vida, há oportunidade, e ele está esperando por você.

Eu vivi o sobrenatural de Deus. Quando pensei que não suportaria, que não aguentaria viver o doloroso processo que passei, desde o início da doença até lidar com minha grande perda, Deus manifestou seu poder consolador e houve uma grande transformação na minha vida. Não permita que o luto te paralise, confie que Deus trará consolo em meio a dor. Há tempo para todas as coisas. Há tempo de chorar e há tempo de sorrir, e Deus está com você em todos esses momentos, seja enxugando as suas lágrimas ou sendo o motivo do teu riso. Como diz a Bíblia Sagrada, quem semeia com lágrimas colherá com alegria. Não importa quanto tempo esteja durando a sua dor, a alegria vem, e vem com tudo! Portanto, não se esqueça: Jesus é maior que a sua dor.

"Tenha fé em Cristo, pois Ele é a luz que guiará seus passos nos momentos de escuridão da vida."

Pra. Viviane Dauage